Winfried Wisniewski

Tier- und Pflanzenführer Südliches Afrika

190 Tiere und 60 Pflanzen

KOSMOS

Einleitung	3
Bestimmungsteil	8
Säugetiere	18
Vögel	46
Reptilien und Amphibien	114
Wirbellose	122
Wildblumen	128
Bäume und Sträucher	136
Register	144
Impressum	150

Einleitung
Südliches Afrika

Zuerst waren es furchtlose Forscher und mutige Reisende, die den afrikanischen Kontinent entdeckten. Ihnen folgten nicht nur die Truppen der Kolonialmächte, sondern auch rekordsüchtige Großwildjäger auf der Jagd nach den Trophäen der „Großen Fünf"– Elefant, Nashorn, Kaffernbüffel, Löwe und Leopard. Heute locken Panoramen gewaltiger, atemberaubender Landschaften und eine faszinierende Tierwelt jährlich Tausende von Touristen vor allem aus Europa und den USA in diesen bezaubernde Kontinent. Zwar ist über weite Strecken die unberührte Wildnis des südlichen Afrikas ausgedehntem Kulturland gewichen, doch präsentieren sich viele weit abgelegene Landstriche vor allem in den trockenen Gebieten wie noch vor Hunderten von Jahren. Und noch immer ist die Natur in zahlreichen Nationalparks, Wildschutzgebieten und Reservaten so erhalten, wie sie vor dem Eintreffen der ersten Europäer aussah. Nirgendwo in Afrika ist die Artenvielfalt der Pflanzen und Tiere größer als im Süden des Kontinents. Über 24 000 Pflanzenarten wachsen hier. Hier leben mehr als 350 Säugetierarten, 400 Amphibien- und Reptilienarten sowie weit über 900 Vogelarten, von denen 113 endemisch sind, d. h.: Sie leben nirgendwo sonst auf der Erde. Viele „Weltrekordhalter" des Tierreichs sind hier zu Hause: der Elefant als größtes Landsäugetier, der Strauß als größter Vogel, der Gepard als schnellstes Raubsäugetier.

Lage und Entstehung

Die Landmasse Südafrikas ist schon sehr alt und besonders reich an Bodenschätzen. Der Gebirgssockel war bereits Teil des Superkontinents Gondwanaland, der vor etwa 300 bis 100 Millionen Jahren in mehrere Teile zerbrach. Es entstanden neue Kontinente, darunter auch Afrika. Durch die anschließenden über Jahrmillionen andauernden geologischen Veränderungen bildete sich das geologische Profil des Landes. Der Süden Afrikas ist im Westen, Süden und Osten von einem Gebirgswall umgeben. Man nennt diese aus

Trinkende Löwinnen am Wasserloch im Savuti-Sumpf in Chobe Nationalpark

vielen einzelnen Gebirgen bestehende Kette Randschwellengebirge oder Great Escarpment. Das Escarpment erreicht im Osten – im Bereich der Drakensberge von Natal und in Lesotho – Höhen von fast 4000 Metern. Im Süden und im Westen liegen die höchsten Erhebungen bei 2000 Metern. Vor dem Escarpment verläuft ein zum Teil sehr schmaler Küstenstreifen, den man Lowveld nennt. Dieses Küstenvorland ist im Bereich des Indischen Ozeans niederschlagsreich und fruchtbar. Der westliche Teil ist dagegen eine Küstenwüste, bedingt durch den kalten Benguela-Meeresstrom im Atlantik, der bis hinauf nach Namibia und Angola zieht. Überquert man das Randschwellengebirge, so gelangt man in das zentrale Hochplateau Südafrikas, das als Highveld bezeichnet wird. Es weist Höhen zwischen 1000 und 1700 Metern auf. Nach Norden, zum abflusslosen Kalahari Becken hin, fällt es allmählich ab. Da die umgebenden Gebirgsketten eine Regenbarriere darstellen, bleiben die Niederschläge im Highveld gering und sorgen in der Karoo für halbwüstenartige Bedingungen.

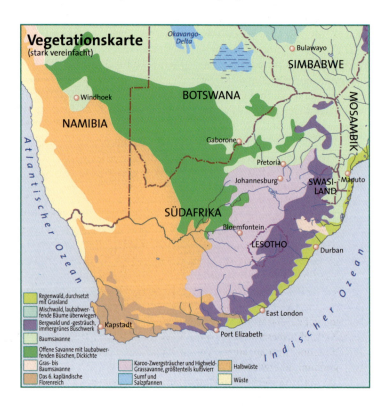

Klima

Die klimatischen Bedingungen in Südafrika sind abhängig von der Höhenlage und der Nähe zu einem der Meere. Sie sind darum regional recht unterschiedlich. Im Vergleich zu Gebieten mit ähnlicher Breitenlage sind die Temperaturen jedoch in vielen Regionen niedriger. An der Westküste sorgt der kalte Benguela-Meeresstrom für gemäßigte Temperaturen, im zentralen Hochland ist es die Höhenlage (Johannesburg liegt auf 1753 m Höhe), die auch im Hochsommer das Thermometer kaum über 30 Grad klettern lässt. Im Winter sinken die Temperaturen – ebenfalls bedingt durch die Höhe – bis auf den Gefrierpunkt, teilweise auch darunter. Lediglich an den Küsten ist es dann wärmer. Niederschläge fallen vorwiegend in den Sommermonaten, außer in der westlichen Kapregion, die als Winterregengebiet mit Mittelmeerklima gilt.

Pflanzenwelt

Mit über 20.000 Pflanzenarten – rund 10% aller Pflanzen auf der Welt – verfügt Südafrika über eine extrem artenreiche Flora. Rund 6000 Blütenpflanzen-Arten konzentrieren sich dabei auf die kleine westliche Kapregion, die „Kapensis". Sie ist das kleinste der sechs Florenreiche auf der Erde, weist aber von allen, bezogen auf die Fläche, die höchste Artenzahl auf. In dieser winzigen Vegetationszone am Kap, auch „Fynbos" genannt, überwiegen Protea-Arten (etwa 130), Heidekraut- und Sauergrasarten. Der weitaus größte Teil des südlichen Afrika ist von Grasland, Zwergstrauchsavannen, Trockensavannen und Wüsten oder Halbwüsten bedeckt. Insbesondere im Highveld dominiert ein Bewuchs aus verschiedenen Gräsern, niedrigen Büschen und vereinzelten Akazienbäumen, meist Kameldorn oder Weissdorn. Im Nordwesten wird – wegen der geringeren Niederschläge – die Vegetation spärlicher. Vor allem im trockenheißen Namaqualand und in Namibia findet man zahlreiche wasserspeichernde Sukkulentenarten wie wie Aloen und Euphorbien. Im Norden ist der Köcherbaum charakteristisch. Im Nordosten schließlich geht die Gras- und Dornbuschsavanne zunehmend in eine dichter bewachsene Baumsavanne über. Besonders markant sind hier die Affenbrotbäume oder Baobabs, die man gut im nördlichen Teil des Krugerparks und in vielen Reservaten Botswanas sehen kann.

Tierwelt

Die meisten größeren Tiere kommen nur noch in Schutzgebieten vor. Das können riesige Nationalparks wie der der Kruger- und Etoscha-Nationalpark sein, aber auch winzige Enklaven wie der Namaqua-Nationalpark. Das südliche Afrika ist zusammen mit den Regionen Nordafrikas zuerst von Weißen „erobert" worden. So sind leider hier einige der spektakulären Arten ausgerottet wurden, wie z. B. der Blaubock, der Kap-Löwe und das Quagga, die südlichste Unterart des Steppenzebras. Einige Arten konnten gerade noch vor dem Aussterben bewahrt werden, wie das Breitmaulnashorn, das Bergzebra und der Buntbock.

Säugetiere

Im südlichen Afrika kommen 356 Säugetierarten vor. Die auffälligste Säugetiergruppe bilden die Antilopen. Sie gehören zur großen Familie der Rinderartigen (Bovidae). Im Gegensatz zu den Geweihträgern (Cervidae) tragen sie ihre Hörner ihr Leben lang. Bei den meisten Arten tragen nur die Männchen die Stirnwaffen. Antilopen sind in nahezu allen Wildreservaten vertreten, allerdings unterschiedlich häufig. Fast überall trifft man Impalas an. In bestimmten Reservaten wie dem Krüger-, Kgalagadi- und Etoscha-Nationalpark gibt es reichlich Springböcke. Dennoch ist ihre Zahl im Vergleich zu früheren Jahrhunderten eher gering: Es gab angeblich Züge von Millionen von Tieren. Vielerorts kann man die sprungstarken Kudus beobachten, die mühelos 2,50 Meter hohe Zäune überwinden können. Die größte Antilope des südlichen Afrika ist die Elenantilope. Die seltene Kuhantilope ist in vielen Parks wieder eingeführt worden. Elefanten haben sich in vielen Schutzgebieten stark vermehrt. Sie leben sowohl in den Wüsten Namibias als auch in den feuchten Baumsavannen Simbabwes. Die größten Herden findet man im Hwange-Nationalpark.

Vögel

Fast 1000 Vogelarten bewohnen das südliche Afrika. Greifvögel, Kiebitze, Störche und Ibisse, Reiher, Eisvögel, Nektarvögel, Webervögel und Prachtfinken sind besonders stark vertretene Gruppen. In den großwildreichen Schutzgebieten sind Weißrückengeier ausgesprochen häufig. Sie sind an das Aufspüren und möglichst schnelle Fressen großer toter Säugetiere angepasst. Auch der Kapgeier war früher häufig, ist zwischenzeitlich stark im Bestand bedroht. Auffällig sind skurrile Arten wie Strauß, Sekretär, Riesentrappe und Hornrabe.

Surikaten vor ihrem Bau nahe keetmanshoop, Namibia

Gigantische Kaptölpelkolonie bei Lambert's Bay, Südafrika bei Sonnenaufgang

Reptilien, Amphibien, Fische
286 Reptilienarten sind bekannt. Die größte ist das Nilkrokodil. Es ist heute außerhalb der Schutzgebiete ausgerottet und wird in Krokodilfarmen zu kommerziellen Zwecken gezüchtet. Eidechsen sind gut vertreten, die größten Echsen sind Nil- und Steppenwaran mit einer Länge von über einem Meter. Es gibt 160 Schlangenarten. Von denen sind 15 giftig, es gibt aber auch einige sehr giftige Arten darunter wie die Schwarze Mamba. Die Amphibien sind durch Frösche und Kröten mit etlichen Arten vertreten. Sie sind gut an temporäre Trockenzeiten angepasst. Lurche und Molche hingegen kommen nicht vor. Im Süßwasser des südlichen Afrikas leben etwa 250 Fischarten, in den Küstengewässern leben rund 1600 Arten.

Mit diesem Tier- und Pflanzenführer wird der Benutzer nicht alle Tier- und Pflanzenarten, auf die er im südlichen Afrika trifft, bestimmen können. Das Buch kann ihm jedoch helfen, aus der Fülle der Arten heraus schnell diejenigen anzusprechen, die häufig und fast überall anzutreffen sind. Des Weiteren findet er auffällige Arten wie Elefant, Giraffe, Löwe, Strauß, Kaffernadler, Nilkrokodil, Palmen- und Feigenarten. Bewusst sind auch seltene Arten wie Wild- oder Hyänenhund, Bartgeier und Welwitschia aufgenommen, wenn sie durch ihre Lebensweise den Betrachter faszinieren. Bei allen Arten werden Merkmale, Vorkommen und Wissenswertes beschrieben. Wo die Bestimmung einer Art schwierig ist, wird auf Unterscheidungsmerkmale zu verwandten Arten verwiesen.

Südliches Afrika
Subkontinent der Superlative

Vorsicht Giftschlangen

In Afrika fallen mehr Menschen angriffslustigen Flußpferden zum Opfer als den dort vorkommenden Giftschlangen. Schlangen gehören zu den am weitesten verbreiteten Tieren der Welt und kommen in gemäßigten wie in tropischen Klimazonen vor. Die relativ hohe Zahl der durch einen Schlangenbiß getöteten Rinder zeigt, daß sich Schlangen selbst im Kulturland behauptet haben, obwohl sie vom Menschen verfolgt werden.

Verschiedene giftige Schlangenarten sind die „modernste" Form der Reptilien und entwickelten sich wahrscheinlich aus eidechsenartigen Vorfahren. Sie können nicht hören und nur schlecht sehen, dagegen sind ihre Riechorgane sehr gut ausgebildet. Schlangen besitzen einen guten Tastsinn und können sogar die Körperwärme ihrer Beute wahrnehmen. Ihre Giftzähne wirken beim Zupacken wie Angelhaken und zugleich wie Injektionsnadeln. Modifizierte Speicheldrüsen produzieren Gift, das sofort das Gewebe des Opfers angreift und damit gleichzeitig den Verdauungsprozeß einleitet, der Tage oder sogar Wochen dauern kann. Manche der wechselwarmen Tiere brauchen nur sechs Mahlzeiten im Jahr.

Kobras, Mambas, Vipern und Trugnattern sind im südlichen Afrika mit etwa 40 Arten vertreten. Einige von ihnen sind mehr oder weniger harmlos, andere dagegen sind sehr gefährlich. Ihr Gift wirkt zerstörend auf Nerven, Herz und Gewebe.

Die Gabunviper trägt die längsten Giftzähne der Welt, sie werden bis zu 4 cm lang. Manche Kobraarten spucken ihr Gift ziemlich zielsicher über Distanzen von bis zu 2 m. Die 2,5–3 m lange Schwarze Mamba, Afrikas größte Schlange, ist besonders gefährlich, weil sie eine große Menge an Gift produziert. Ausgewachsene Mambas richten sich bis zur Höhe eines erwachsenen Menschen auf und schlagen ihre Giftzähne mehrfach blitzschnell in Oberkörper oder Gesicht. In den meisten Fällen kommt dann jede Hilfe zu spät. Außer in Schlangenparks bekommt man Schwarze Mambas aber so gut wie nie zu Gesicht, denn – wie die meisten Schlangen – sind sie sehr scheu und überwiegend nachtaktiv. Bis auf die träge Puffotter flüchten Schlangen, sobald man sich ihnen nähert. Sie beißen nur, wenn sie angegriffen werden. Beim Verteidigungsbiß wird meist weniger Gift injiziert als beim Beutefang.

Giftschlangen sind nicht immer leicht zu identifizieren, da sie in zahlreichen Farbvarianten vorkommen. Als Faustregel gilt, daß die meisten Schlangen mit Ringelmuster oder Querstreifen giftig sind, längsgestreifte Schlangen dagegen nicht. Man muß damit rechnen, daß jede Schlange, die ihren Oberkörper aufrichtet und ihren Halsschild spreizt, äußerst gefährlich ist und unter Umständen Gift spuckt. Kurzen und dicken Schlangen mit dreieckigem Kopf sollte man ebenfalls aus dem Weg gehen, da es sich hierbei in der Regel um Vipern handelt.

Zur Behandlung der meisten Schlangenbisse gibt es spezifische Seren, die in Südafrika hergestellt werden und im Notfall innerhalb kurzer Zeit zur Verfügung stehen. Sie sind meist noch Stunden oder sogar Tage nach dem Biß wirksam.

Nach einem Schlangenbiß sollten Sie sich folgendermaßen verhalten: Nicht kopflos herumlaufen! Durch erhöhte Blutzirkulation verteilt sich das Gift schneller im Körper. Binden Sie die betroffene Stelle niemals ab. Versuchen Sie auch nicht, die Wunde aufzuschneiden und das Gift herauszusaugen. Stattdessen sollten Sie den Patienten ruhig halten und ihm durch Öffnen der Kleidung Erleichterung verschaffen. Verbinden Sie die Wunde, und halten Sie sie kühl. Organisieren Sie sofort fachmännische Hilfe und den Transport ins nächste Krankenhaus, damit dort schnellstens mit der entsprechenden Behandlung begonnen werden kann.

1 Gebänderte Kobra / Egyptian Cobra / *Naja haje anchieta*
2 Uräusschlange / Egyptian Cobra / *Naja haje annulifera*
3 Schwarzweiße Kobra / Forest Cobra / *Naja melanoleuca*
4 Kapkobra / Cape Cobra / *Naja nivea*
5 Speikobra / Mocambique Spitting / *Naja mossambica*
6 Ringhalskobra / Rinkhals / *Haemachatus haemachatus*
7 Korallenschlange / Coral Snake / *Aspidelaps lubricus*
8 Rotlippenschlange / Herald Snake / *Crotaphopeltis hotamboeia*
9 Baumschlange / Boomslang / *Dispholidus typus*
10 Grüne Mamba / Green Mamba / *Dendroaspis angusticeps*
11 Schwarze Mamba / Black Mamba / *Dendroaspis polylepis*
12 Vogelschlange / Twig Snake / *Thelotornis capensis*
13 Tigerschlange / Tiger Snake / *Telescopus semiannulatus*
14 Gabunviper / Gaboon Adder / *Bitis gabonica*
15 Puffotter / Puff Adder / *Bitis arietans*
16 Zwerg-Puffotter / Péringuey's Adder / *Bitis peringueyi*
17 Gehörnte Puffotter / Horned Adder / *Bitis caudalis*
18 Bergotter / Berg Adder / *Bitis atropos*
19 Erdviper / Bobron's Burrowing Asp / *Atractaspis bibronii*

Vegetation der Drakensberge

Der Natal Drakensberg Park (2.430 km²) ist ein Verbund aller Bergreservate unter Leitung des KwaZulu/Natal Information Service, ehemals Natal Parks Board. Weit über 2.000 Pflanzenarten, darunter 900 verschiedene Blütenpflanzen, werden hier geschützt. Über hundert davon sind endemisch, also nur in den Drakensbergen zu finden. Allein in der Provinz Natal wachsen elfmal so viele Baumarten wie in Europa. Eine derartige Vielfalt ist schwer zu übertreffen. Grund dafür ist eine günstige Kombination aus Klima, Lage und Lebensraum im höchsten Gebirgszug des südlichen Afrikas.

Die Höhenunterschiede in den Reservaten liegen zwischen 1.300 m und 3.000 m. Die Täler und Schluchten sowie die Basalt- und Sandsteinfelsen im Grasland bilden zahlreiche ökologische Nischen, in denen eine variationsreiche Flora gedeihen kann. Die Lebensbedingungen haben sich über Jahrtausende hinweg kaum verändert und gaben den Pflanzen genug Zeit, um sich daran anzupassen.

Die durchschnittliche jährliche Niederschlagsmenge liegt bei 1.000 mm und steigt in unmittelbarer Nähe des Eskarpments auf mehr als 1.800 mm an. Davon fallen 85 % zwischen Oktober und März, die Hälfte davon während heftiger Gewitter. Im Sommer ist es bei mäßiger Luftfeuchtigkeit warm bis heiß. Die Winter sind kühl mit Nachtfrost. Schnee kann in höheren Lagen das ganze Jahr über fallen.

Da Südlagen auf der südlichen Erdhalbkugel weniger Sonne erhalten, sind sie kühler und feuchter. Bergwald gedeiht hier deshalb besonders gut. Auch Feuersbrünste waren für die Natur in den Drakensbergen immer wichtig. Blitzschlag entzündete das Grasland auf natürliche Weise und sorgte für seine Regeneration. Viele Pflanzen sind deshalb so sehr an diesen Zyklus angepaßt, daß sie ohne Feuer nicht lange bestehen könnten.

Viele Tiere, die von Pflanzen leben, sind ebenfalls vom Feuer abhängig. Heute bringen deshalb die Wildhüter die unregelmäßigen Feldbrände planmäßig unter Kontrolle: Nach einem fein ausgetüftelten Plan brennen sie jedes Jahr die Berghänge stückweise ab.

In den Drakensbergen lassen sich drei Pflanzengemeinschaften unterscheiden. Die montane Pflanzengemeinschaft reicht etwa von 1.280–1.800 m Höhe. Unterhalb von 1.500 m bilden tropische Grasarten die Grundlage der *Protea*-Savanne. Hier sind die meisten Wildblumen verbreitet. Wichtige Pflanzenfamilien sind die *Acanthaceae, Amaryllidaceae, Asteraceae, Campanulaceae, Libiatae, Liliaceae, Rubiaceae* und *Scrophulariaceae*. *Protea*-Savanne und Bergwald reichen bis etwa 2.000 m Höhe hinauf. Ursprünglicher Wald ist nur noch vereinzelt in meist schwer zugänglichen und geschützten Schluchten zu finden.

Die subalpine Pflanzengemeinschaft liegt zwischen 1.800 und 2.800 m Höhe. Bis zu einer Höhe von 2.500 m gleicht die Flora der kapländischen Fynbos-Vegetation. Typische Vertreter sind z.B. *Encephalartos ghellinckii* sowie einige Erika- und Proteen-Arten.

Die alpine Pflanzengemeinschaft beginnt ab einer Höhe von 2.800 m und ist der mitteleuropäischen recht ähnlich, reicht in den Drakensbergen aber bis über 3.300 m. Hier wachsen u.a. Zwergsträucher, Polsterpflanzen und zahlreiche Erika-Arten. Durch den Mangel an Brennmaterial ist die Flora auf dem baumlosen Hochplateau an vielen Stellen dezimiert worden. Besonders Erika-Arten, die als holzige Zwergsträucher die tundraartige Landschaft zieren, sind davon betroffen. Wildblumen blühen besonders prächtig zwischen Januar und März entlang der Straße zum Sani Pass. Ursprünglichen Bergwald sieht man am besten in der Ndedema Gorge bei Cathedral Peak, im Royal Natal National Park und im Giant's Castle Game Reserve.

Informationen: Nature Conservation Service, PO Box 1750, Pietermaritzburg 3200, Tel. (0331) 47 18 91.

1 Oldenlands Busch-Aloe / Oldenland's Bush Aloe / *Aloe arborescens*
2 Weihnachtsblume / Christmas Flower / *Cycnium racemosus*
3 Berg-Palmfarn / Drakensberg Cycad / *Encephalartos ghellinckii*
4 Feuerheide / Fire Heath / *Erica cerinthoides*
5 Erika / Erica / *Erica woodii*
6 Natal-Lampenputzer / Natal Bottle Brush / *Greyia sutherlandia*
7 Immortelle / Alpine Everlasting / *Helichrysum trilineatum*
8 Gemeiner Zuckerbusch / Common Sugarbush / *Protea caffra*
9 Silberner Zuckerbusch / Silver Sugarbush / *Protea roupelliae*
10 *Rhodohypoxis baurii*
11 Erdorchidee / Long-tailed Trewwa / *Satyrium longicauda*
12 Flußlilie / Scarlet River Lily / *Schizostylis coccinera*
13 Berglilie / Mountain Lily / *Sutherlandia montana*
14 Watsonia / Watsonia / *Watsonia densiflora*
15 Honigblume / Honey Flower / *Gladiolus longicollis*
16 *Ledebouria ovatifolia*
17 Amarylie / Yellow Bobo Lily / *Cyrtanthus flanaganii*
18 Löwenohr / Lion's Ear / *Leonotis leonurus*
19 *Streptocarpus gardenii*
20 Wilder Granatapfel / Wild Pomegranat / *Burchellia bubalina*

Das Kapländische Florenreich

Als die ersten holländischen Kolonisten im 17. Jahrhundert am Kap der Guten Hoffnung Holz zum Hausbau suchten, fanden sie meist nur Büsche mit harten, schmalen Blättern, zu „fyn" – also zu fein – für ihre Zwecke. Das Kapländische Florenreich besteht zu 80 % aus diesem Buschgestrüpp, und Fynbos wurde sein wissenschaftlich akzeptierter Name.

Die Vegetation, die Berge und Flachland der südwestlichen Kapregion bis zum Meer bedeckt, weist eine überwältigende Artenfülle auf, die allenfalls von tropischen Regenwäldern übertroffen wird. Auf einer Fläche nicht größer als Bayern (70.000 km^2), wachsen über 8.000 Pflanzenarten. 70 % davon sind endemisch, kommen also nur hier vor. Und jedes Jahr werden neue Arten entdeckt.

Die wichtigsten Pflanzen dieses Lebensraums sind 526 Erika-, 96 Gladiolen- und 69 Protea-Arten mit der Königsprotea als Nationalblume des Landes. Hinzu kommen sieben endemische Pflanzenfamilien und die die Gräser ersetzenden riedartigen Pflanzen. Manche Arten sind so selten, daß ihr gesamter Lebensraum kleiner ist als ein Fußballplatz.

Zu der Familie der *Proteaceae* gehören die berühmtesten Pflanzen des Fynbos. Die geben ihm sein besonderes Gesicht. Die über 450 südafrikanischen Arten sind auf die Gattungen *Leucospermum, Leucadendron, Serruria* und *Protea* verteilt. Die Bezeichnung „Protea" leitet sich vom gleichnamigen griechischen Meeresgott ab. Die vielgestaltigen Büsche und kleinen Bäume mit ihren zähen, harten Blättern ersetzen den im Fynbos meist fehlenden Baumbestand. Die attraktiven *Protea*-Blüten bleiben lange Zeit frisch und können deswegen leicht exportiert werden. Die Artenvielfalt des Fynbos hängt ursächlich mit naturbedingten, saisonalen Buschfeuern zusammen. Zu verschiedenen Jahreszeiten stimulieren und fördern sie das Wachstum bestimmter Pflanzenarten. Bei einigen Pflanzen ist die Anpassung so weit fortgeschritten, daß sie, wie beispielsweise die Sumpfrose (*Orothamnus zeyheri*), ohne Feuer nicht existieren könnten. Auch die Proteen sind für ihr Fortbestehen zum großen Teil von regelmäßigen Feldbränden abhängig, da ihre Samen erst nach starker Hitzeeinwirkung keimfähig werden.

Da das Kap-Florenreich überwiegend im Winterregengebiet der Kapprovinz liegt, ist seine Vegetation der des Mittelmeers auf den ersten Blick recht ähnlich. Sie wird deswegen auch als Kapmacchie bezeichnet, obwohl sie mit dem immergrünen Buschwald des Mittelmeergebiets, der aus abgeholzten Steineichenflächen hervorging, nichts gemeinsam hat.

Die Entstehung dieses einzigartigen Lebensraums ist mit dem Auseinanderdriften des ehemaligen Superkontinents Gondwana im erdgeschichtlichen Mittelalter verbunden. Die Erdteile Südamerika, Australien, Antarktis und Afrika sowie Vorderindien lösten sich ab, und durch die Isolierung entwickelte sich am Kap der Guten Hoffnung ein eigenes sechstes Florenreich. Vom Rest des afrikanischen Kontinents ist es durch Wüste und Halbwüste getrennt.

Ein großer Teil der Fynbos-Region wurde in Ackerland umgewandelt oder mußte den Monokulturen exotischer Hölzer weichen, die den Wassermangel der Region rapide verschärfen. Diese gefährliche Entwicklung schreitet weiter fort. 1.400 Arten sind bereits in ihrem Fortbestand gefährdet. Die ersten Bewohner am Kap, die Khoisan, wußten den Pflanzenreichtum sehr zu schätzen. Ihre tiefen Kenntnisse der Pflanzenwelt nutzten sie für ihre Ernährung, zur Heilung von Krankheiten oder auch zur Jagd als Pfeilgift. Leider sind ihre Kenntnisse kaum überliefert. Von 1.400 der am Kap beheimateten Knollenpflanzen sind einige bereits weltbekannt und werden im Gartenbau genutzt. Hunderte von Geranien, Astern, Gladiolen und Freesien warten jedoch noch auf ihr internationales „Debüt".

1 Honigblume / Honey Flower / *Retzia capensis*
2 *Stilbe ericoides*
3 Serrurie / Serruria / *Serruria cyanoides*
4 Banksie / Banksia / *Banksia menziesii*
5 Nadelkissen / Pincushion / *Leucospermum reflexum*
6 Lampenputzer / Bottle Brush / *Mimetes splendidus*
7 Marschrose / Marsh Rose / *Leucadendron bonum*
8 *Aulax cancellata*
9 *Roridula gorgonias*
10 Feuerlilie / Fire Lily / *Cyrthantus flammosus*
11 Dünenbeere / Skilpardbessie / *Nylandtia spinosa*
12 Erd-Orchidee / Ewwa-trewwa / *Satyrium coriifolium*
13 Großmutterhaube / Grannybonnet / *Disperis capensis*
14 Rote Disa / Red Disa / *Disa uniflora*
15 Bokmakirischwanz / Bokmakiriestert / *Witsenia maura*
16 Flammengladiole / Flames / *Gladiolus bonaespei*
17 Dreifarbige Pelargonie / Tricoloured Pelargony / *Pelargonium tricolor*
18 Oxalis / Oxalis / *Oxalis luteola*
19 Erdrose / Aardroos / *Mystropetalon thomii*

Überleben in der Wüste

Ob in der Mondlandschaft des Swakop-Tals oder auf den Kämmen der höchsten Namib-Dünen – überall ist Leben. Unscheinbare Flechten etwa wachsen auf dem Schotter zwischen Swakop und Kuiseb River und an der Skelettküste. Graue, winzige Blätter haften am Boden wie tote Materie. Aber es bedarf nur einiger Tropfen Wasser aus der Feldflasche, und schon wechseln sie die Farbe. Der nächtliche Küstennebel erhält sie am Leben.

Den nutzt auch der Nebeltrinker, der auf dem Dünenkamm geduldig Kopf steht, bis ihm eine Tauperle von seinen grätigen Beinen in den Mund rinnt. Seine Nahrung besteht aus winzigen Pflanzenresten, die der Wind in den Dünenkorridoren zusammenkehrt, z.B. trockenen Flechten oder Blattstückchen des Narakürbis, einer der typischsten Pflanzen der Namib.

Der Narakürbis zieht seine Ranken wie ein Netz über kleine Wanderdünen und senkt die Wurzeln tief ab. Seine stacheligen Kürbisfrüchte enthalten Fruchtfleisch, das auch dem Schabrackenschakal über Notzeiten hinweg hilft.

Auch die Sand-Schildechse ernährt sich von Narafrüchten. Ihre Verwandte, die Sandechse, bringt Junge zur Welt, die beim Schlüpfen bereits 60 % der endgültigen Körperlänge besitzen. Dieses günstige Verhältnis zwischen Größe und Körperoberfläche verringert die Gefahr des Austrocknens. Selbst für Elefanten gilt dieses Prinzip: In der Wüste wachsen sie höher als anderswo.

Der Wüstengecko schützt sich auf andere Weise. Er taucht unter und schwimmt förmlich durch den Sand, um der Hitze und der Zwerg-Puffotter zu entgehen, die sich auf den Dünenhängen in einer Seitwärtsbewegung sehr schnell vorwärtsschlängelt. Das hat ihr den englischen Namen „sidewinder" eingetragen. Auf heißen Flächen trägt das Wüstenchamäleon eine sehr helle Farbe und reflektiert so die intensive Sonneneinstrahlung. Am kühlen Morgen oder Spätnachmittag ist es jedoch fast einheitlich schwarz, um die Körpertemperatur zu steigern, die innerhalb eines Tages zwischen 0 °C und 40 °C schwanken kann.

Auch die Pflanzen verfolgen je nach Standort unterschiedliche Überlebensstrategien. Der Köcherbaum, trotz seines Namens kein Baum, sondern eine riesige Aloe, kann viel Wasser in seinen röhrenartigen Stämmen und Zweigen speichern, die von wachsartiger Borke geschützt sind. Die Blätter der Namib-Dünenpflanze sind so modifiziert, daß sie einander gegen eindringende Sonnenstrahlen schützen. Diese Wüstensukkulente kann die Nebelfeuchtigkeit durch ihre Blätter absorbieren und überlebt so nicht nur im praktisch niederschlagslosen Nebelgürtel, sondern spendet auch Tieren vom Käfer bis zum Spießbock Nahrung. Das Südwester Edelweiß schützt sich durch eine spinnwebartige Schicht vor dem Austrocknen und kann deshalb den trockenen Westen der Namib besiedeln. Es gehört zu der im südlichen Afrika weit verbreiteten Asternfamilie. Das grobe Dünengras kann mit seinen stacheligen Blättern keine Feuchtigkeit auffangen. Es besitzt aber ein Wurzelsystem, das sich bis zu 20 m weit ausbreitet und kondensierten Nebel von der Sandoberfläche aufnimmt. Winzige Insekten saugen die Säfte aus den Halmen und hinterlassen eine zuckerhaltige Substanz, bekannt als Honigtau. Er bildet die Hauptnahrung der Dünenameise und ermöglicht ihr Überleben im harschen Dünengebiet. Die Talerpflanze gehört zu den wenigen Zwergbüschen, die auf den Schotterflächen der Namib neben Flechten und der Welwitschia gedeihen. Sie kann den Nachtnebel in ihren fleischigen, runden Blättern speichern.

1 Köcherbaum / Quiver Tree / *Aloe dichotoma*
2 Südwester Edelweiß / South West Edelweiss / *Helichrysum roseoniveum*
3 Fensterpflanze / Window Plant / *Fenestria rhopalophylla*
4 Namib-Dünenpflanze / Namib Dune Plant / *Trianthema hereroensis*
5 Flechte / Lichen / *Xantho-maculina* spec.
6 Warzenbusch / Wart Bush / *Galenia papulosa*
7 Talerpflanze / Dollar Bush / *Zygophyllum stapfii*
8 Dünengras / Dune Grass / *Stipagrostis sabulicola*
9 Sand-Schildechse / Desert Plated Lizard / *Angolosaurus skoogi*
10 Sandechse / Anchieta's Dune Lizard / *Aporosaurus anchieta*
11 Wüstenchamäleon / Namaqua Chameleon / *Chamaeleo namaquensis*
12 Zwerg-Puffotter / Péringuey's Adder / *Bitis peringueyi*
13 Rüppelltrappe / Rüppell's Korhaan / *Eupodotis rueppellii*
14 Goldmull / Grant's Golden Mole / *Eremitalpa granti*
15 Kurzohrige Elefantenspitzmaus / Roundeared Elephant Shrew / *Macroscelides proboscideus*
16 Saugwanze / Sucking Bug / *Probergrothius sexpunctatis*
17 Tanzende Weiße Dame / Dancing White Lady Spider / *Carparachne arenicola*
18 Dünenameise / Dune Ant / *Camponotus detrius*
19 Nebeltrinker / Tok-tokky / *Onymacris unguicularis*

1 Grüne Meerkatze Vervet Monkey *Cercopithecus aethiops* (Cercopithecidae)

KR 40–83 cm G 3,5–7,7 kg
Merkmale Ein mittelgroßer, hellgrauer Affe mit deutlichem Backenbart; Schwanz länger als der Körper; Unterseite und Flanken heller als der Rücken; Gesicht schwärzlich mit weißem Haarkranz; Füße und Schwanzspitze dunkel; Hoden weißlich bis auffällig leuchtend blau.
Vorkommen Im Osten und Nordosten Südafrikas, in Simbabwe, im nördlichen Botswana und Namibia. In Parks, Feucht- und Trockensavannen, bis 4.000 m Höhe.
Wissenswertes Grüne Meerkatzen leben in Gruppen von 6–60 (manchmal bis über 100) Tieren zusammen. Meist handelt es sich um Familientrupps.

2 Steppenpavian Baboon *Papio cynocephalus* (Cercopithecidae)

KR 50–110 cm G 10–50 kg
Merkmale Ein großer Affe mit langer Schnauze und mittellangem Schwanz; starke Augenwülste und große Backentaschen; Arme länger als Beine; rosa Gesäßschwielen; Jungtiere in den ersten Wochen sehr dunkel mit rosafarbenem Gesicht.
Vorkommen Afrika südlich der Sahara; Lebensraum: Savannen, Halbwüsten und Steppen sowie offenes Waldland; im Gebirge bis 3000 m.
Wissenswertes Paviane leben in Horden von 10 bis 150 Tieren, in denen die Weibchen in der Überzahl sind. Streng hierarchische Organisation. Es gibt ein dominantes Männchen, das die Gruppe führt und verteidigt.

3 Ockerfuß-Buschhörnchen Smith's Bush Squirrel *Paraxerus cepapi* (Sciuridae)

KR 13–20 cm G 120–250 g
Merkmale Schwanz mehr als körperlang mit bis zu 15 undeutlichen dunklen Ringen; Farbe variabel: Oberseite braungelb bis gelb- oder olivgrau, Unterseite grau- bis gelblichweiß; Füße ockerfarben bis graugelb.
Vorkommen In Nordost-Namibia, Nord- und Ostbotswana, Simbabwe und Transvaal; Waldbewohner.
Wissenswertes Buschhörnchen fressen meist am Boden, klettern bei Gefahr aber schnell auf Bäume. Das nahe verwandte **Rotbauch-Buschhörnchen** (*P. palliatus*) hat rötliche Beine und einen rötlichen Schwanz. Das **Streifen-Buschhörnchen** (*P. flavovittis*) ist kleiner mit weißen Flankenstreifen, **Sonnenhörnchen** der Gattung *Heliosciurus* sind größer mit deutlicheren Schwanzringen.

4 Kap-Erdhörnchen Cape Ground Squirrel *Xerus inauris* (Sciuridae)

KR 25–29 cm G 500–1.100 g
Merkmale Männchen etwas größer und schwerer als Weibchen; Schwanz knapp körperlang; Oberseite blaß zimtfarben bis gelbbraun; Unterseite weißlich; deutlicher weißer Flankenstreifen und weißer Augenring.
Vorkommen In einem Streifen quer durch das südliche Afrika von Nordnamibia über Südwest-Botswana bis ins zentrale, nördliche Südafrika. Bewohnt offene Ebenen.
Wissenswertes Das Kap-Erdhörnchen lebt in Kolonien von bis zu 30 Tieren. Der buschige Schwanz kann aufgerichtet werden.

5 Steppenschuppentier Pangolin *Manis temmincki* (Manidae)

KR 50–60 cm G 15–18 kg
Merkmale Unverkennbar mit dunkelbraunen, dachziegelartig angeordneten Schuppen, die fast die gesamte Körperoberseite bedecken.
Vorkommen Ost- und Südafrika mit Ausnahme der Kapregion und der Namib-Wüste. In trockenen und feuchten Savannen auf lockeren, sandigen Böden mit genügend Ameisen und Termiten, von denen sich die Art ernährt.
Wissenswertes Steppenschuppentiere leben in verlassenen Erdferkelbauen. Sie sind nachtaktiv. Die Tiere bewegen sich auf den Hinterbeinen fort und rollen sich bei Störungen zu einer Kugel zusammen. Das Weibchen läßt ihr Junges bereits im Alter von einem Monat auf der Schwanzwurzel reiten.

Säugetiere

1 Honigdachs Honey Badger *Mellivora capensis* (Mustelidae)

KR 65–75 cm G 8–16 kg
Merkmale Männchen größer und schwerer als Weibchen; annähernd von der Größe des Europäischen Dachses; Kopf breit, Ohren und Augen klein; Beine kurz und stämmig mit Grabkrallen; schwarz mit weißgrauer Oberseite („Schabracke"); Schwanz kurz und meist ganz schwarz. Die außergewöhnlich dicke Haut hängt lose am Körper, deshalb sind sie von Feinden schwer zu „packen".
Vorkommen Im südlichen Afrika mit Ausnahme der Küstennamib und Südbotswanas sowie des Oranje-Freistaates, Südtransvaals und weiten Teilen von Natal. Sehr anpassungsfähig, vom Urwald bis zur Wüste, im Gebirge bis 3.000 m Höhe.
Wissenswertes Der Honigdachs ist äußerst wehrhaft und greift selbst große Tiere angeblich bis zur Größe des Kaffernbüffels wütend an. Er läßt sich vom Honiganzeiger, einem Singvogel, zu Bienennestern führen. Der Vogel wartet, bis der Dachs den Honig und die Bienenlarven gefressen hat, und verzehrt dann das Wachs der Waben.

2 Erdmännchen Suricate *Suricata suricatta* (Viverridae)

KR 25–31 cm G 620–970 g
Merkmale Schwanz etwa drei Viertel der Körperlänge; Kopf rund mit spitzer Schnauze; Ohren klein; Augen nach vorne gerichtet; Fell silberbraun bis grau mit undeutlichen Querbinden; Kopf und Kehle weißlich; Nase, Ohren und Augenringe schwarz.
Vorkommen Im gesamten Westen des südlichen Afrikas mit Ausnahme des Küstenstreifens der Kapregion und der Küstennamib. In Trockensavannen und Steppen mit sandigen, „grabfähigen" Böden.
Wissenswertes Erdmännchen leben in Gruppen von meist 10–30 Tieren. Oft liegen mehrere Tiere eng beisammen, um Wärmeverluste zu vermeiden. Sie graben Höhlensysteme und Gänge oder beziehen die Baue von Erdhörnchen. Mit diesen leben sie oft gemeinsam in einer Anlage. Sie sind tagaktiv und stellen bei der Futtersuche Wachen auf.

3 Fuchsmanguste Yellow Mongoose *Cynictis penicillata* (Viverridae)

KR 25–40 cm G 440–800 g
Merkmale Fuchsähnliche Gestalt; auf hohen Beinen mit spitzem Kopf und buschigem Schwanz; Fell gelbgrau, -braun oder -rötlich, Unterseite heller als Rücken; Augen dunkel umrandet; Schwanzspitze weiß.
Vorkommen Im gesamten südlichen Afrika mit Ausnahme der Namib, Nordtransvaals und Natals. In offenen Grassteppen mit schütterem Buschbestand.
Wissenswertes Fuchsmangusten leben paarweise oder in Gruppen mit 50 Tieren und mehr. Sie beziehen Baue, die sie oft mit Erdhörnchen und Springhasen teilen. Die tagaktiven Tiere suchen ihre Nahrung auch weit entfernt vom Bau. Die nachtaktive **Trugmanguste** *(Paracynictis selousi)* besitzt eine viel längere weiße Schwanzspitze. Die Lebensdauer der Fuchsmanguste beträgt bis zu zwölf Jahre.

4 Zebramanguste Banded Mongoose *Mungos mungo* (Viverridae)

KR 30–45 cm G 600–1.500 g
Merkmale Von gedrungener Gestalt; kurzschwänzig mit kleinen Ohren und Augen; Oberseite hellgrau bis rotbraun mit bis zu 35 dunklen Querstreifen, die hinter den Schultern beginnen und vor dem Schwanzansatz enden; Beine werden zu den Füßen hin dunkler.
Vorkommen In Nordost-Namibia, Nordwest-Botswana und fast ganz Transvaal. In Trocken- und Feuchtsavannen, gerne in Wassernähe.
Wissenswertes Zebramangusten leben in Familientrupps von 6–30 Tieren, die in einem größeren Gebiet umherstreifen. Sie halten sich meist nur kurze Zeit an einem Platz auf; während der Wurfzeit werden sie für ein bis zwei Monate seßhaft. Die Art ist tagaktiv. Bei der Nahrungssuche halten die Mitglieder einer Sippe durch ständiges „Zwitschern" Kontakt zueinander. Zebramangusten verteidigen sich oft gemeinsam gegen Feinde. Die Tragzeit beträgt etwa zwei Monate, die Zahl der Jungen zwei bis sechs.

Säugetiere

1 Afrika-Zibetkatze African Civet *Viverra civetta* (Viverridae)

KR 80–95 cm G 9–20 kg

Merkmale Kräftige Gestalt mit breitem Kopf und spitzer Schnauze; Männchen etwas größer und schwerer als Weibchen; Hinterbeine deutlich länger als Vorderbeine; Oberseite silbriggrau bis gelblichgrau mit schwarzer Zeichnung; aufrichtbare Rückenmähne; untere Gesichtshälfte schwarz; buschiger Schwanz mit 5–9 dunklen Ringen und dunkler Spitze; nachtaktiv.

Vorkommen Im Norden von Namibia, im Norden und Osten von Botswana, in Simbabwe und Transvaal; im Krüger-Nationalpark regelmäßig anzutreffen. In Wäldern, Feucht- und Trockensavannen, gerne in der Nähe von Gewässern.

Wissenswertes Die Zibetkatze hat nahe dem After gelegene Duftdrüsen, mit deren Sekret sie ihr Revier markiert. Dieses außerordentlich stark riechende „Zibet" dient als Grundlage für Parfüms und Seifen und wird weltweit gehandelt. Mittelpunkt der Zibetproduktion war und ist die äthiopische Hauptstadt Adis Abeba.

2 Erdwolf Aardwolf *Proteles cristatus* (Hyaenidae)

KR 65–80 cm G 7–10 kg

Merkmale Hyänenartig, jedoch kleiner und mit spitzer Schnauze; Vorderbeine länger als Hinterbeine; Ohren groß und spitz; Schwanz lang und buschig; Nacken und Rücken mit langer, aufrichtbarer Mähne; Fell aus weicher Unterwolle und langen Grannenhaaren; seitlich gelbgrau bis rötlichbraun und dunkel quergestreift; überwiegend dämmerungsaktiv.

Vorkommen Fast überall im südlichen Afrika mit Ausnahme der Namib-Wüste und der Kapregion. In Steppen und Savannen.

Wissenswertes Die Hauptnahrung des Erdwolfs ist die grasfressende Termite *Trinervitermes*. Da die Termiten vom Menschen bekämpft werden, ist auch der Erdwolf in seiner Existenz bedroht. Erdwölfe werden außerdem häufig von Haushunden getötet, obwohl sie sich wehrhaft verteidigen können.

3 Fleckenhyäne oder Tüpfelhyäne Spotted Hyena *Crocuta crocuta* (Hyaenidae)

KR 1,20–1,80 m G 55–85 kg

Merkmale Gestalt massig mit starkem Hals und deutlich abfallender Rückenlinie; Weibchen größer und schwerer als Männchen; Kopf groß mit kräftiger Schnauze; Ohren rundlich; Fell kurz und weißgrau bis gelbrot gefärbt; Kopf und Füße dunkler; auf Rücken und Seiten zahlreiche pfennig- bis fünfmarkstückgroße dunkelbraune bis schwarzbraune Flecken.

Vorkommen Im gesamten Norden des südlichen Afrikas verbreitet. In Halbwüsten bis Feuchtsavannen, nicht im Wald, im Gebirge bis 4.500 m Höhe.

Wissenswertes Fleckenhyänen leben in Rudeln von 5–30, manchmal bis 100 Tieren. Die Gruppen sind matriarchalisch organisiert, die größeren Weibchen sind dominant. Die Rudel verteidigen Territorien von 15–30 km² und markieren sie durch Harnen und Koten an festen Plätzen. Die Jungen kommen in einem Erdbau zur Welt. Fleckenhyänen können bei zahlenmäßiger Überlegenheit sogar Löwen von der Beute verjagen.

4 Löffelhund Bat-eared Fox *Otocyon megalotis* (Canidae)

KR 60–70 cm G 2,5–5 kg

Merkmale Gestalt wie ein hochbeiniger Fuchs mit auffallend großen Ohren; Schnauze kurz und spitz; Schwanz lang und buschig; Färbung einheitlich dunkelgrau; Ohrenränder, Schwanzoberseite und Füße schwärzlich; starker Körpergeruch; hauptsächlich dämmerungsaktiv.

Vorkommen Zwei isolierte Vorkommen in Ostafrika und Südwestafrika; fast im gesamten südlichen Afrika mit Ausnahme von Transvaal, Natal und den Küstenregionen. In Savannen, Gras- und Buschsteppen.

Wissenswertes Löffelhunde führen eine lebenslange Ehe. Daher sieht man sie oft mit zwei bis sechs Jungen im Familienverband. Sie können überaus gut riechen und hören. Aufgrund des guten Gehörsinns finden sie sogar Insekten, die sich unter der Erdoberfläche bewegen.

Säugetiere

1 Hyänenhund oder **Afrikanischer Wildhund** Wild Dog *Lyacon pictus (Canidae)*

KR 80–108 cm G 18–28 kg

Merkmale Ein hochbeiniger Hund mit kurzer Schnauze, großen runden Ohren und buschigem Schwanz; Grundfarbe von fast gelb bis ganz schwarz mit weißen, hellgelben, gelben, braungelben und schwarzen Flecken unterschiedlicher Größe; dunkler Längsstreifen auf der Stirn; Schwanzende immer weiß; starker Körpergeruch.

Vorkommen In fast ganz Botswana und Simbabwe, im Caprivi-Streifen und im Krüger-Nationalpark mit angrenzenden Gebieten; stabilste Population im Okavango-Delta.

In offenen Savannen, Steppen und Halbwüsten, im Gebirge bis über 3.000 m Höhe.

Wissenswertes Hyänenhunde leben in Rudeln mit 5–15, manchmal auch bis zu 25 Tieren. Sie sind rein nomadisch und durchstreifen riesige Gebiete. Nur zur Wurfzeit sind sie seßhaft. Bevorzugte Beutetiere sind Impalas, Moorantilopen und Kälber von Großantilopen. Wildhunde erreichen auf der Jagd eine Geschwindigkeit von bis zu 55 km/h. Sie hetzen ihre Beute in der Meute und zerreißen sie innerhalb von Minuten. Wildhunde benötigen täglich 3–6 kg Fleisch.

2 **Schabrackenschakal** Black-backed Jackal *Canis mesomeles (Canidae)*

KR 70–100 cm G 6,5–10 kg

Merkmale Ähnlich dem Streifenschakal, aber mit etwas kürzeren Beinen und größeren Ohren; Rücken mit schwarzgrauer „Schabracke", die scharf gegen das Orangebraun bis Gelbrot der Körperseiten abgesetzt ist und vom Nacken bis zur Schwanzwurzel reicht; Kehle, Brust und Bauch weiß; Schwanz hellbraun mit schwarzer Spitze.

Vorkommen Im gesamten südlichen Afrika. In deckungsreichen Landschaften mit Büschen und Bäumen, jedoch auch in trockenen Steppen und Halbwüsten, im Bergland bis 2.000 m Höhe.

Wissenswertes Schabrackenschakale führen eine Lebensehe. Oft jagen sie in Familientrupps, vorwiegend in der Dämmerung. Sie sind jedoch auch tagsüber häufig zu beobachten. Ihre Nahrung besteht aus Aas, vor allem aus Beutekadavern von Großraubtieren, aus Kleintieren aller Art und aus verschiedenen Früchten.

3 **Streifenschakal** Side-striped Jackal *Canis adustus (Canidae)*

KR 70–80 cm G 6–13,5 kg

Merkmale Männchen etwas größer und schwerer als Weibchen; Ohren groß; Schwanz mittellang und buschig; Fell grau bis graubraun mit schwarzem, oberseits weiß gesäumtem Schrägstreifen vom Vorderbeinansatz bis zum Becken; Schwanzspitze weiß oder schwarz.

Vorkommen In Nordnamibia und -botswana sowie in Osttransvaal. In Steppen und Savannen mit Gebüsch oder Baumbestand, im Gebirge bis 2.000 m Höhe.

Wissenswertes Streifenschakale leben in einer Lebensehe und ziehen die Jungen gemeinsam auf. Sie sind für gewöhnlich scheu und nur selten zu sehen. Aktiv sind sie überwiegend nachts und in der Dämmerung. Tagsüber ruhen sie in Erdlöchern. Ihre Nahrung besteht aus Aas und Kleintieren aller Art sowie aus Früchten.

4 **Kapfuchs** Cape Fox *Vulpes chama (Canidae)*

KR 54–62 cm G 2,5–4 kg

Merkmale Zierlicher als unser Rotfuchs; Rüden im Durchschnitt etwas schwerer als Fähen; sehr buschiger Schwanz und große Ohren; Fell aus der Nähe silbergrau, von weitem gelbbraun; schwarze Abzeichen an der Schwanzspitze, zwischen Knie und Ferse der Hinterbeine sowie am Kinn.

Vorkommen Im gesamten südlichen Afrika mit Ausnahme der Namib-Wüste, von Nordost-Botswana und -Transvaal. In offenen Steppen mit oder ohne Buschbewuchs; besonders in sandigen und felsigen Landschaften, gerne am Fuß von „Kopjes".

Wissenswertes Der Kapfuchs ist nachtaktiv mit Hauptaktivitätsperioden in den Stunden nach Sonnenuntergang und vor Sonnenaufgang. Er ernährt sich überwiegend von Kerbtieren, Eidechsen und Säugern bis zu Hasengröße, vor allem von Mäusen.

Säugetiere

1 Falbkatze African Wild Cat *Felis silvestris* (Felidae)

KR 45–73 cm G 1,5–6 kg

Merkmale Gestalt wie eine Hauskatze; Farbe variiert von hell- bis dunkelgrau mit rötlichen bis schwarzen Streifen an den Beinen; Kehle und Bauch grauweiß mit manchmal rötlichem Hauch; Schwanz mit Querringen, Spitze schwarz; Ohrrücken rötlich.

Vorkommen Im gesamten Gebiet mit Ausnahme der Namib-Wüste. In allen Landschaften von der Halbwüste bis zu Waldbeständen verbreitet, im Gebirge bis 4.000 m Höhe.

Wissenswertes Die Falbkatze ist die Stammform unserer Hauskatze und wurde vermutlich in Mesopotamien oder Palästina schon 6.000 v. Chr. domestiziert. Sie ist einzelgängerisch mit Ausnahme der Paarungszeit. Dann umwirbt das Männchen das Weibchen mit einem „Gesang" ähnlich dem eines Hauskaters.

2 Serval Serval Cat *Leptailurus serval* (Felidae)

KR 65–90 cm G 6–15 kg

Merkmale Eine schlanke Katze mit langen Beinen; Hinterbeine länger als Vorderbeine; Kopf klein; Ohren groß; Oberseite hell ockerfarben bis olivbraun, Unterseite weiß bis weißgrau oder -gelb; viele schwarze Punkte in Längsreihen über den gesamten Körper; Schwanz an der Wurzel gefleckt, dann geringelt und an der Spitze schwarz.

Vorkommen Afrika südlich der Sahara; im Gebiet nur im nördlichen Namibia und Botswana sowie in Transvaal (Krüger-Nationalpark). In Steppen und Savannen mit Gebüsch oder Baumbestand, gerne in Wassernähe mit guter Deckung.

Wissenswertes Servale sind tagaktiv. Sie jagen jedoch auch in der Dämmerung und in mondhellen Nächten. Sie schleichen sich an ihre Beute heran und überwältigen sie im Sprung. Auf kurze Distanz ist der Serval sehr schnell. Er fängt sogar Vögel aus der Luft.

3 Wüstenluchs oder Karakal Caracal *Caracal caracal* (Felidae)

KR 65–90 cm G 8–18 kg

Merkmale Von kräftiger Gestalt, luchsähnlich mit stämmigen Beinen; Kopf flach mit langen Pinseln an den Ohren; senkrechter Überaugenstreif; Schwanz ein Drittel der Körperlänge; Fell rotbraun bis ziegelsteinrot, Unterseite weißlich.

Vorkommen Im gesamten südlichen Afrika mit Ausnahme von Natal und der Namib; außerdem von Vorderasien bis Indien verbreitet. In offenen Landschaften wie Wüsten, Halbwüsten, Steppen und Savannen.

Wissenswertes Der Wüstenluchs lebt einzelgängerisch. Er jagt meist nachts, ist aber auch tagsüber unterwegs. Der Wüstenluchs schleicht sich an seine Beute heran und überwältigt sie in einem schnellen Spurt. Er fängt sogar auffliegende Vögel im Sprung.

4 Gepard Cheetah *Acinonyx jubatus* (Felidae)

KR 1,10–1,40 m G 40–60 kg

Merkmale Etwa leopardengroß, doch wegen der langen Beine von der Gestalt her eher hundeartig; Männchen größer und schwerer als Weibchen; Kopf klein und rund; Ohren kurz und rundlich; Schwanz lang; Oberseite hellgelb oder gelbgrau bis hell rötlichbraun mit zahlreichen pfennig- bis markstückgroßen schwarzen Flecken; hintere Schwanzhälfte mit 3–6 schwarzen Ringen, Schwanzspitze weiß; in einigen Gegenden Simbabwes lebt eine „Königsgepard" genannte Farbvariante mit zu Streifen zusammengeflossenen, großen Flecken.

Vorkommen Früher in Vorderasien, Indien und ganz Afrika außerhalb geschlossener Wälder, heute stark zurückgegangen; im südlichen Afrika in Namibia mit Ausnahme der Wüste, in Botswana, Simbabwe und Osttransvaal. In offenen Landschaften von der Halbwüste bis zur Feuchtsavanne.

Wissenswertes Der Gepard ist das schnellste Säugetier der Erde und kann eine Geschwindigkeit von mehr als 100 km/h erreichen. Dieses Tempo kann er nur wenige Hundert Meter durchhalten. Die Beute wird mit der Vordertatze umgeworfen, angesprungen und durch Kehlbiß erwürgt.

Säugetiere

1 Löwe Lion *Panthera leo* (Felidae)

KR 1,45–2 m G 120–200 kg

Merkmale Größte afrikanische Katze mit mittellangen, stämmigen Beinen; Männchen bedeutend größer und schwerer als Weibchen; Kopf breit; Schnauze mittellang; Ohren kurz und rund; Schwanz lang mit kurzer Quaste am Ende, in der ein 6–12 mm langer Hornstachel verborgen ist; kurzes graugelbes bis rötlichgelbes Fell, das vor allem bei Jungtieren markstückgroße braune Flecken aufweist, die im Erwachsenenalter meist verschwinden; Männchen mit Mähne, die Mähnenform reicht von relativ kurzhaariger Gesichtsumrahmung bis hin zu langhaariger Mähne auf Kopf, Wangen und Hals bis zu Schultern, Brust und Bauch (selten); Mähne fellfarben bis dunkelbraun, in der Regel mit zunehmendem Alter dunkler werdend.

Vorkommen Heute mit Ausnahme einer Restpopulation in Indien auf den afrikanischen Kontinent beschränkt; im südlichen Afrika in Nordost-Namibia, ganz Botswana und Nordost-Transvaal; von einst sieben Unterarten Afrikas sind die nördlichste, der **Berberlöwe** (*Panthera l. leo*), und die südlichste, der **Kaplöwe** (*Panthera l. melanochaita*), ausgerottet. Löwen leben in offenen Landschaften von Wüsten- und Halbwüsten (z.B. in der Namib und der Kalahari) bis hin zu Busch- und Grassavannen.

Wissenswertes Der Löwe ist die einzige sozial lebende Katze. Die Familienrudel bestehen aus ein bis drei, selten auch aus bis zu sechs Altmännchen und aus 15, manchmal auch mehr Weibchen mit ihren Jungen. Die Jungweibchen bleiben beim Rudel, die Jungmännchen werden mit ca. ein bis eineinhalb Jahren vertrieben. Herumvagabundierende Jungmännchen-Gruppen versuchen, die Altmännchen eines Rudels zu verjagen oder umzubringen, um die Weibchen zu „übernehmen". Jungtiere werden anschließend nicht selten getötet. Die Rudelmitglieder jagen ihre Beute gemeinsam. Dabei schleichen sie sich zunächst auf kurze Entfernung heran, springen die Beute an und töten sie dann durch Kehl- oder Genickbiß. Die Männchen bedienen sich zuerst am Riß. Große Männchen können 20 kg Fleisch oder sogar mehr auf einmal verschlingen. Das sprichwörtliche Löwengebrüll ist sehr laut und unter günstigen Bedingungen fast 10 km weit zu hören. Die Lebensdauer beträgt 13–15 Jahre, in Gefangenschaft bis zu 30 Jahre.

2 Leopard Leopard *Panthera pardus* (Felidae)

KR 1,10–1,90 m G 35–85 kg

Merkmale Zweitgrößte afrikanische Katze; Männchen deutlich größer und schwerer als Weibchen; muskulöse Gestalt mit mittellangen, stämmigen Beinen; Kopf breit; Schnauze mittellang; Ohren kurz und rund; Schwanz auffällig lang; Fell kurz und dicht, in kalten Gebieten deutlich länger; Oberseite in allen Schattierungen von gelb bis gelbbraun, Unterseite weißlich, weißgrau oder weißgelb; Kopf, Nacken und Unterseite mit schwarzen Flecken, Rest des Fells mit Rosetten aus schwarzen Punkten; Ohrrückseite mit schwarzweißem Fleck; Schwanzspitze schwarz; manchmal Schwärzlinge („Panther"), insbesondere in feuchten Gegenden; Weißlinge sehr selten.

Vorkommen In Namibia mit Ausnahme der Namib-Wüste, in ganz Botswana, auch im Westen und Süden Südafrikas sowie in Transvaal; außerdem existieren zahlreiche Populationen in Asien. Der Leopard bewohnt alle Landschaftstypen vom Regenwald bis zur Wüste, im Gebirge bis zur Schneegrenze aufsteigend.

Wissenswertes Der Leopard ist ein Einzelgänger. In der Regel ist er nachtaktiv. Nur wo er ungestört ist, zeigt er sich auch tagsüber. Die Nahrung des Leoparden besteht aus Tieren (auch Haustieren) aller Art bis Antilopengröße. Affen und Hunde sind besonders beliebt. Selbst schwere Beute wird spielend in hohe Bäume getragen. Eine größere Beute verzehrt der Leopard nach und nach, auch wenn sie schon deutlich in Zerfall übergegangen ist. Gelegentlich fallen kranke Leoparden, die nicht mehr jagen können, auch Menschen an. Leoparden trinken täglich, können aber auch längere Zeit ohne Wasser auskommen. Ihre natürlichen Feinde sind Löwe, Fleckenhyäne und Wildhund. Die Tragzeit beträgt 90–112 Tage, der Wurf besteht aus ein bis sechs, meist aus zwei bis drei Jungen. Sie werden drei Monate lang gesäugt und sind nach ein bis eineinhalb Jahren selbständig.

Säugetiere

1 Südafrikanischer Seebär Cape Fur Seal *Arctocephalus pusillus* (Otariidae)

KR 1,50–2,40 m G 90–310 kg

Merkmale Die einzige Robbenart des südlichen Afrikas; Männchen bedeutend größer und schwerer als Weibchen **(1b)**; Kopf rund; Nase spitz; Ohrmuschel klein; ca. 30 lange, steife Barthaare; Fell beim Männchen dunkelbraun, beim Weibchen silbergrau.

Vorkommen Küste und küstennahe Inseln Namibias und der Kapprovinz.

Wissenswertes Erwachsene Männchen erobern an den traditionellen Liege- und Wurfplätzen Territorien. Die ankommenden Weibchen werden in die Harems **(1a)** dieser „Strandwächter" aufgenommen. Die Fortpflanzungszeit dauert von November bis Februar. Der Gesamtbestand dürfte etwa 1 Mio. Tiere betragen. An den Hauptliegeplätzen werden 5–6% der Robben zur Pelzgewinnung „geerntet". Dazu werden ausschließlich sechs bis zehn Monate alte Männchen getötet. Die Art wird entsprechend ihrem wissenschaftlichen Namen „*pusillus*" auch **Zwergseebär** genannt. Tatsächlich aber ist es die größte Seebärenart der Südhalbkugel.

2 Klippschliefer Rock Dassie *Procavia capensis* (Procaviidae)

KR 43–57 cm G 2,5–5 kg

Merkmale Hasengroß; kräftig mit kurzen Beinen und ohne Schwanz; Färbung sehr variabel von hell- bis dunkelgrau, manchmal mit rötlichem oder gelblichem Hauch und schwarzen Sprenkeln; auf dem Rücken eine Drüse, die von schwarzen, gelben oder weißen Haaren eingefaßt ist.

Vorkommen Im gesamten südlichen Afrika, fehlt nur im Norden Namibias und Simbabwes sowie in fast ganz Botswana. An steinigen Berghängen, auf Blockhalden, inselartigen Felsrücken („Kopjes"), in Savannen und Steppen (z.B. im Krüger-Nationalpark).

Wissenswertes Klippschliefer leben in Kolonien von vier bis mehreren Hundert Tieren in streng hierarchischer Ordnung. Sie halten ihre Körpertemperatur konstant, indem sie sich ausgiebig sonnen oder eng aneinandergedrückt ruhen. Die Kotpillen der Tiere riechen moschusartig und werden als Heilmittel oder Parfüm genutzt.

3 Kaphase Cape Hare *Lepus capensis* (Leporidae)

KR 44–77 cm G 1,4–2,3 kg

Merkmale Typisch mit längeren Hinter- als Vorderbeinen; Ohren länger als der Kopf; Färbung von fahlgelb bis grauweiß; Schwanz oberseits schwarz, unterseits weiß.

Vorkommen In Westnamibia, fast der gesamten Kapprovinz und Südbotswana, im Norden inselartig. In offenen Grassteppen.

Wissenswertes Kaphasen sind nachtaktive Einzelgänger. Sie gehören zur selben Art wie der **Europäische Feldhase**. Ihre Lebensdauer beträgt zehn bis zwölf Jahre.

4 Afrikanischer Großelefant African Elephant *Loxodonta africana* (Elephantidae)

KR 5,50–6,40 m G 2.200–5.000 kg

Merkmale Unverkennbar; riesiges Tier mit stämmigen Beinen und bis zu 2 m langem Rüssel; bis 4 m hoch; Männchen erheblich größer als Weibchen; Stoßzähne beim Männchen bis zu 3,5 m lang und 100 kg schwer; Schwanzquaste; Behaarung spärlich; Haut faltig und grau, oft der Bodenfarbe des Lebensraumes entsprechend.

Vorkommen Im Norden Namibias, Botswanas und Simbabwes, manchmal recht häufig; in Südafrika nur in Schutzgebieten. In Savannen, Steppen und Galeriewäldern.

Wissenswertes Elefanten leben in Familientrupps von 10–20 Mitgliedern, die aus Weibchen mit ihren Jungen bestehen. Töchter bleiben bei ihren Müttern, Söhne verlassen die Herde. Männchengruppen halten sich in der Nähe der Weibchentrupps auf. Ältere Männchen werden zuweilen zu Einzelgängern. Manchmal schließen sich mehrere Trupps auch zu Herden von 20–60 Tieren oder Großherden von mehreren Hundert Tieren zusammen. Sie können große Entfernungen bei der Nahrungssuche zurücklegen. Elefanten sind Pflanzenfresser und benötigen je nach Körpergröße 100–200 kg Nahrung pro Tag. Sie trinken und baden täglich ausgiebig. Elefanten sind friedliche Tiere, bedrohte Kühe mit Kälbern können jedoch gefährlich sein!

Säugetiere

1 Bergzebra Mountain Zebra *Equus zebra (Equidae)*

KR 2,20–2,60 m G 280–355 kg

Merkmale Ähnlich wie Steppenzebra, aber mit größerem Kopf und längeren Ohren; kleine Kehlwamme und kurze Stehmähne; keine Schattenstreifen; zwei Unterarten: **Kap-Bergzebra** *(Equus z. zebra)* und **Hartmann-Bergzebra** *(Equus z. Hartmannae,* Abb.), die zweite Unterart ist etwas kräftiger gebaut und ein wenig gelblicher in der Grundfarbe.

Vorkommen Kap-Bergzebra: letzte lebensfähige Population von heute 250 Exemplaren im Mountain Zebra National Park; Satellitenherden in anderen Reservaten. Hartmann-Bergzebra: nur im zentralen Namibia bis in die nördliche Kapprovinz.

Wissenswertes Bergzebras leben in Herden, die aus zwei bis vier, selten mehr Weibchen, ihren Fohlen und einem Leithengst bestehen. Männchen und Weibchen haben eine getrennte Rangordnung. Junge Männchen schließen sich zu Trupps zusammen. Die Tragzeit beträgt ein Jahr.

2 Steppenzebra Burchell's Zebra *Equus quagga (Equidae)*

KR 1,90–2,45 m G 275–355 kg

Merkmale Pferdeähnlich; Männchen etwas größer und schwerer als Weibchen; steife, ziemlich lange Mähne; Grundfarbe weißlich mit dunklen Streifen; die Unterart **Chapman-** oder **Damarazebra** *(Equus q. antiquorum)* zeigt sogenannte Schattenstreifen zwischen den breiten dunklen Streifen insbesondere der Hinterkeulen; Beinstreifen oft unvollständig; im Unterschied zum Bergzebra auch an der Unterseite gestreift.

Vorkommen In einem Streifen von Nordnamibia, Nordbotswana über Westsimbabwe und Osttransvaal. In Grassteppen und -savannen.

Wissenswertes Steppenzebras leben in Herden, die aus einem Leithengst, mehreren Stuten und deren Nachwuchs bestehen. Manchmal schließen sich die Familien zu großen Trupps oder riesigen Herden zusammen. Die Tiere erkennen sich individuell an der Gesichtsstreifung.

3 Breitmaulnashorn White Rhinoceros *Ceratotherium simum (Rhinocerotidae)*

KR 3,60–3,80 m G 3.500–4.750 kg

Merkmale Die größere der beiden Nashornarten mit starkem Nackenhöcker, langem Kopf und breitem, fast quadratischem Maul (Grasfresser); zwei Hörner, das vordere oft über meterlang (Weltrekord: 1,58 m); Augen klein; Ohren trichterförmig und fransig behaart; Farbe hellgrau, doch nehmen die Tiere durch Suhlen oft die Bodenfarbe der Umgebung an.

Vorkommen Nördliche Unterart vermutlich ausgerottet; im Gebiet lebt die südliche Rasse; sie war fast ausgestorben und überlebte nur im Hluhluwe Umfolozi Park, wo auch heute noch die meisten Tiere leben; weitere Populationen im Krüger-Nationalpark, Hwange-Nationalpark, Chobe-Nationalpark und Kuneneland in Nordnamibia; Gesamtbestand zur Zeit ca. 3.000 Exemplare. In Buschsavannen mit Bäumen und Grasbestand.

Wissenswertes Breitmaulhörner leben in kleinen Gruppen, die aus einem Leitbullen, Nebenbullen und Kühen mit ihren Kälbern bestehen. Nur die Hauptmännchen zeigen zeremonielles Harnen und Koten. Im Gegensatz zum Spitzmaulnashorn geht das Kalb vor der Mutter.

4 Spitzmaulnashorn Black Rhinoceros *Diceros bicornis (Rhinocerotidae)*

KR 2,95–3,60 m G 700–1.600 kg

Merkmale Kleiner als das Breitmaulnashorn mit ebenfalls zwei Hörnern; Kopf erheblich kleiner; Oberlippe zugespitzt; weidet damit Blätter und Zweige; Widerrist ohne Buckel.

Vorkommen Selten; im Gebiet überall dort, wo auch das Breitmaulnashorn lebt. In trockenem, mit Bäumen bestandenem Buschland, selten auch in der Grassavanne.

Wissenswertes Das Spitzmaulnashorn ist ein Einzelgänger. Nur Mütter mit Kälbern bleiben zusammen. Anders als beim Breitmaulnashorn folgt das Kalb der Mutter. Das Spitzmaulnashorn gehört zu den am meisten bedrohten Großsäugern.

1 Giraffe Giraffe *Giraffa camelopardalis* (Giraffidae)

KR 3–4 m G 500–800 kg

Merkmale Unverkennbar langbeinig und mit langem Hals; Scheitelhöhe 4,50–5,80 m; zwei bis fünf hautbedeckte Knochenzapfen am Kopf; Augen sehr groß; Ohren und Zunge lang; Sehschärfe, Hörschärfe und Riechvermögen sind gut; Halskamm mit 5–13 cm langer, steifer Mähne; Fellfarbe gelblichweiß mit braunen Flecken, die im Alter nachdunkeln; obere Gesichtshälfte ungefleckt.

Vorkommen Im südlichen Afrika nur im Norden von Namibia, Botswana und Simbabwe sowie in Transvaal (Krüger-Nationalpark). In Baum- und Buschsavannen, im Gebirge bis 2.000 m Höhe.

Wissenswertes Die Giraffe ist ein Paßgänger. Obwohl die Art schwerfällig wirkt, kann sie erstaunlich schnell galoppieren. Der lange Hals hat sieben Wirbel – wie bei allen anderen Säugern auch. Giraffen verteidigen sich durch Huftritte. Die Männchen kämpfen miteinander, indem sie mit Hals und Kopf auf den Gegner einschlagen. Deshalb sind ihre „Hörner" an der Spitze kahl, bei den Weibchen sind sie dagegen mit Haaren bedeckt. Die einzigen Feinde sind Löwen. Giraffen leben meist in kleinen Gruppen, manchmal in Trupps mit bis zu 50 Tieren zusammen. Die Tragzeit beträgt ca. 15 Monate, die Lebensdauer bis zu 28 Jahre.

2 Warzenschwein Wart Hog *Phacochoerus aethiopicus* (Suidae)

KR 1,05–1,50 m G 50–150 kg

Merkmale Männchen größer und schwerer als Weibchen; auf jeder Kopfseite drei Hautwarzen, die zweite davon beim Weibchen schwach entwickelt; obere Eckzähne stark verlängert (bis 60 cm); weißer Backenbart; „schütteres Haarkleid" aus einzelnen Borsten, doch mit langer, gelbbrauner Mähne vom Nacken bis zur Rückenmitte.

Vorkommen In der gesamten Nordhälfte des Gebietes mit Ausnahme der Namib-Wüste. Auf Grasflächen mit lockerem Baum- oder Strauchbestand, bevorzugt Gebiete mit Wasser zum Trinken und Suhlen.

Wissenswertes Warzenscheine sind Einzelgänger. Nur die Weibchen und ihre Jungen bilden Familien. Daneben gibt es Junggesellengruppen. Saisonehen sind üblich. Die Zahl der Jungen beträgt zwei bis vier (selten bis acht), die Tragzeit 170–175 Tage. Warzenschweine setzen sich gegen die meisten Feinde wie Geparde und Wildhunde erfolgreich zur Wehr, nicht jedoch gegen Löwen oder Leoparden. Sie laufen mit wie Antennen aufrecht gehaltenen Schwänzen. Bei der Nahrungssuche knien sie auf den Vorderbeinen. Die tagaktiven Tiere bewohnen oft alte Erdferkelbaue.

3 Flußpferd Hippopotamus *Hippopotamus amphibius* (Hippopotamidae)

KR 2,80–4,20 m G 1.350–3.200 kg

Merkmale Körper sehr kompakt; Beine kurz und stämmig; Füße vierzehig mit Schwimmhäuten am Grund; Ohren klein und aufrecht; als Wasserbewohner sind ihre Ohren- und Nasenlöcher verschließbar; Maul groß und tief gespalten; bis zu 1 m lange Eckzähne aus Elfenbein; Haut nackt bis auf einige Borstenhaare am Maul und am Schwanzende; Farbe graubraun mit rosagelblichen Hautfalten.

Vorkommen Im äußersten Nordwesten Namibias, im Norden Botswanas, im Caprivi-Streifen und östlich davon in Simbabwe sowie im Osten von Transvaal. In Gewässern aller Größen mit Uferbänken und Sandstränden mit Wassertemperaturen von 18–35 °C, im Gebirge bis 2.000 m Höhe.

Wissenswertes Flußpferde leben gesellig. Die Tiere halten sich tagsüber im Wasser auf, nachts gehen sie auf Nahrungssuche. Vor den Einwirkungen des Wassers und der Sonne sind die Tiere durch einen rosafarbenen Hautdrüsenschleim geschützt, der bei Erregung stärker abgesondert wird. Die Nahrung besteht aus Gras, das sie bis zu mehrere Kilometer entfernt vom Wasser weiden. Breite Wechsel führen zu den Weidegründen. Zur Regenzeit wandern vor allem alte Männchen über weite Strecken zu frischer Nahrung. Bei Bedrohung reagieren Flußpferde äußerst aggressiv. Die Art ist für mehr Todesfälle von Menschen verantwortlich als sämtliche Raubtiere Afrikas zusammen. Außer Löwen haben Flußpferde kaum Feinde. Ein Junges pro Wurf ist üblich.

Säugetiere

1 Klippspringer Klipspringer *Oreotragus oreotragus* (Bovidae)

KR 75–115 cm G 10–18 kg
Merkmale Gedrungene, rundrückige Gestalt; Weibchen etwas größer und schwerer als Männchen; normalerweise nur Männchen mit Hörnern; kurze Schnauze; große Augen; Schwanz kurz; kräftige Beine, Bewegung auf den äußersten Hufspitzen; Haar steif und dicht, bietet gewissen Schutz bei Berührung von Felsen; Fell gelb bis braungrau mit schwarzer Melierung; Unterseite weißlich.

Vorkommen In Zentralnamibia, im westlichen Südafrika und in Transvaal. Immer auf oder in der Nähe von felsigen Hügeln, Kuppen („Kopjes") oder Blockhalden.

Wissenswertes Klippspringer stehen oft bewegungslos auf der Spitze hoher Felsen. Sie können überaus flink und sicher steile Felswände hinauf- oder hinabspringen. Bei Gefahr lassen sie einen pfiffartigen Schrei durch die Nase ertönen.

2 Kirkdikdik Kirk's Dik-Dik *Madoqua kirki* (Bovidae)

KR 55–77 cm G 2,7–6,5 kg
Merkmale Männchen tragen bis zu 10 cm lange Hörner, Weibchen hornlos; Hals, Rumpf und Oberbeine „pfeffer- und salzartig" eisengrau, ins Bläuliche oder Rötliche schimmernd; Nasenrücken, Ohrrücken und Scheitel hell rostrot; Kinn, Kehle, Brust, Bauch und Schenkelinnenseiten weißlich; Unterbeine hell rostrot.

Vorkommen Zwei isolierte Vorkommen in Afrika, eines in Ostafrika östlich des Victoriasees, das andere im Südwesten von Mittelangola bis nach Nordwest-Namibia. In Strauchsteppen und sträuchertragenden Halbwüsten auf steinigem Gelände.

Wissenswertes Dikdiks leben überwiegend paarweise in festen Territorien. Innerhalb der Wohngebiete wechseln sie zwischen Orten, die Ruhe-, Kot- und Markierungsplätze aufweisen, hin und her. Der Warnlaut der Tiere klingt wie „Zick-Zick" und trug ihnen den Eingeborenennamen „Dikdik" ein.

3 Steinböckchen Steenbok *Raphicerus campestris* (Bovidae)

KR 70–90 cm G 10–16 kg
Merkmale Eine kleine Antilope mit sehr großen Ohren; Weibchen etwas größer und schwerer als Männchen; nur Männchen mit kleinen, senkrecht stehenden Hörnern; Schwanz kurz, unterseits nackt; Haarkleid kurz und glatt; oberseits hell ziegelfarbig bis rotbraun oder orangerötlich, Unterseite weiß bis weißgelb.

Vorkommen Nahezu im gesamten südlichen Afrika, daneben isolierter Bestand im südlichen Ostafrika. In niedrig bewachsenen und nur spärlich mit Büschen bestandenen Grasflächen sowie auf Lichtungen in der Baumsavanne, im Hügelland bis 3.000 m Höhe; bevorzugt die Nähe von Wasser.

Wissenswertes Steinböckchen sind standorttreu und leben meist paarweise. Sie benutzen feste Wechsel, Kot- und Markierungsplätze. Bei der Annäherung eines Feindes ducken sie sich mit gesenktem Kopf auf den Boden und springen in letzter Sekunde mit einem pfiffartigen Schrecklaut und einigen Prellsprüngen (zur Orientierung) davon.

4 Kronenducker Grey Duiker *Sylvicapra grimmia* (Bovidae)

KR 80–115 cm G 10–20 kg
Merkmale Eine kleine Antilope mit schwarzem Stirnschopf und dunklem Nasenrücken; Weibchen etwas größer und schwerer als Männchen; Männchen mit Hörnern, Weibchen nur manchmal; Oberseite sandfarben gelbbraun; Brust, Bauch und Schenkelinnenseiten weißlich; Schwanz kurz und schmal, oberseits dunkel, unterseits weiß.

Vorkommen Fast im gesamten südlichen Afrika, auch außerhalb von Reservaten. In nahezu allen Lebensräumen, wenn Unterholz als Deckung vorhanden ist.

Wissenswertes Kronenducker sind bis auf die Paarungszeit Einzelgänger. Sie äsen in der Dämmerung. Bei Störungen schleichen sie sich entweder mit gesenktem Kopf und hocherhobenem Schwanz fort oder verhalten sich still, bis der Eindringling sie fast erreicht hat, bevor sie dann blitzartig aufspringen und flüchten. Sie laufen mit steif gehaltenem Kopf und in Zickzacksprüngen.

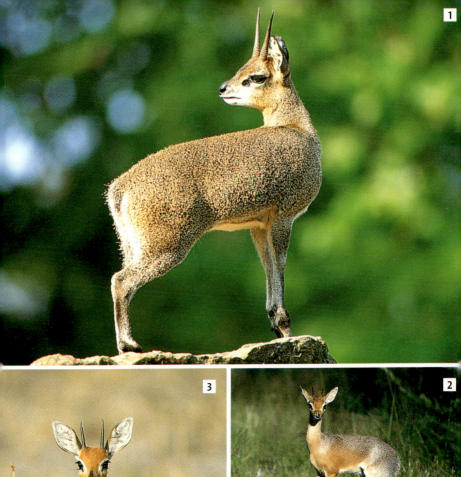

1 Großer Kudu Greater Kudu *Tragelaphus strepsiceros (Bovidae)*

KR 1,85–2,40 m G 180–315 kg

Merkmale Männchen größer und schwerer als Weibchen; normalerweise nur Männchen mit Hörnern; ca. 10 cm langer Haarkamm über Nacken und Rücken, Männchen zusätzlich mit 25 cm langer Mähne an der Halsunterseite; Fell braungrau, rötlichgrau bis bläulichgrau; beide Geschlechter mit 4–12 weißlichen Rumpfquerstreifen und 2–3 hellen Wangenflecken.

Vorkommen In Namibia mit Ausnahme der Wüste, in ganz Botswana und Simbabwe sowie in Nord- und Osttransvaal. Bevorzugt steiniges, mit lockerem Busch bestandenes Hügelland, Wasserstellen sind wichtig.

Wissenswertes Kudus sind standorttreu, solange die Nahrungsverhältnisse günstig sind. Sie sind tagaktiv und suchen während der heißen Tageszeit Einstände in dichter Vegetation auf. Wo sie bejagt werden, sind die Tiere auch nachtaktiv. Ein Junges ist die Regel. Die Tragzeit beträgt ca. sieben Monate, die Lebensdauer bis zu 23 Jahre.

2 Tieflandnyala Nyala *Tragelaphus angasi (Bovidae)*

KR 1,35–1,90 m G 55–140 kg

Merkmale Männchen bedeutend größer und schwerer als Weibchen; nur Männchen mit Hörnern und starker Mittelmähne von der Kehle über den Rücken bis zum Hinterkeulenrand; Fell dunkelbraun bis schieferblau, manchmal auch hellbeige; Weibchen und Kitz rotbraun; beide Geschlechter mit 8–13 weißen Rumpfquerstreifen.

Vorkommen In Osttransvaal und Nordostnatal; bekannt ist der „Nyala drive" bei Parfuri im Krüger-Nationalpark. In lockerem bis dichtem Buschgehölz in feuchteren Savannenabschnitten und in Galeriewäldern.

Wissenswertes Nyalas leben in kleinen Herdenverbänden von 3–16 Tieren, die aus einem Bullen, mehreren Weibchen und deren Jungen bestehen. Alte Bullen bilden Junggesellengruppen oder werden zu Einzelgängern. Tieflandnyalas sind vorwiegend morgens und abends aktiv. Ein Junges ist die Regel. Die Tragzeit beträgt 8,5 Monate.

3 Schirrantilope oder Buschbock Bushbuck *Tragelaphus scriptus (Bovidae)*

KR 1,05–1,50 m G 25–80 kg

Merkmale Etwa rehgroß; Männchen deutlich größer und schwerer als Weibchen; Männchen tragen bis zu 55 cm lange Hörner, Weibchen meist hornlos oder mit kleineren Hörnern; Haarkleid dünn; Fell von fahlgelb, gelbrot, rötlich, rotbraun bis hin zu dunkelbraun mit weißen Querstreifen und mehr oder weniger zahlreichen weißen Abzeichen an Flanken, Hals, Kehle und Beinen.

Vorkommen Im Norden und Osten von Botswana, in ganz Simbabwe und Nordost-Transvaal sowie in einem Streifen an der Küste von Natal bis zum Kap. In deckungsreichem Gelände an Waldrändern, in Galeriewäldern, Schilf- und Riedgrasbeständen sowie in Parks und Gärten, oft in Wassernähe.

Wissenswertes Die Nahrung besteht aus Blättern, Knospen und Trieben von Büschen. Buschböcke sind Einzelgänger und hauptsächlich in der Dämmerung aktiv. Eine verwandte Art ist die **Sitatunga** oder **Sumpfantilope**. Sie wirkt wie eine hochbeinige Schirrantilope. Ihre Hufe sind bis zu 10 cm lang und ermöglichen ein Leben in Sümpfen und Schilfbeständen.

4 Elenantilope Eland *Tragelaphus oryx (Bovidae)*

KR 2,10–3,45 m G 300–1.000 kg

Merkmale Gestalt ähnlich einem Rind; Männchen bedeutend größer und schwerer als Weibchen; Wamme zwischen Kehle und Vorderbrust; Fell gelbbraun bis rötlichgrau oder bläulichgrau, Jungtiere mehr rötlichbraun; beide Geschlechter mit 2–15 weißlichen Rumpfquerstreifen.

Vorkommen Fast im gesamten Botswana, in Nordost-Namibia (Etosha, Caprivi-Streifen) sowie in Transvaal. Bevorzugt Waldsavannen und flaches Steppengelände.

Wissenswertes Elenantilopen bilden keine Territorien, sondern führen weite Wanderungen durch. Sie sind sehr beweglich und überspringen mehr als 2 m hohe Zäune.

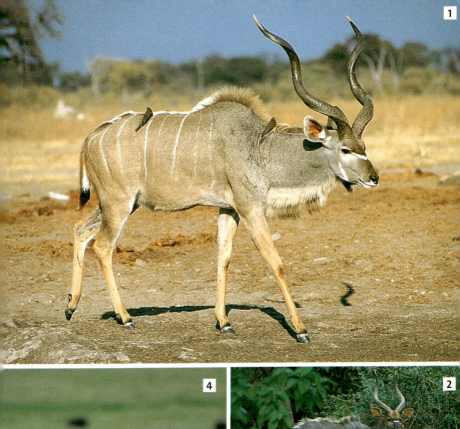

1 Buntbock Bontebok *Damaliscus dorcas* (Bovidae)

KR 1,40–1,60 m G 55–80 kg

Merkmale Gestalt und Gehörn wie Leierantilope, aber kleiner und zierlicher; Körperfarbe grau- bis rotbraun mit violettem Glanz; Gesichtsfront, Bauch und die untere Hälfte der Beine weiß.

Vorkommen 1931 in freier Wildbahn bis auf knapp 20 Exemplare ausgerottet; heute wieder 1.000 Tiere, die in verschiedenen Schutzgebieten und auf Wildfarmen leben.

Wissenswertes Die Unterart *Damaliscus d. phillipsi*, der **Bleßbock**, sieht dem Buntbock ähnlich, ist aber weniger kontrastreich gezeichnet. Vor allem fehlt der große weiße Spiegel um die Schwanzwurzel. Er lebt nur noch in einigen Schutzgebieten Südafrikas.

2 Leierantilope Tsessebe *Damaliscus lunatus* (Bovidae)

KR 1,50–2,05 m G 75–160 kg

Merkmale Hirschgroß; Rücken abfallend; beide Geschlechter mit Hörnern; Körperfarbe kastanienbraun; Nasenrücken und Schwanzquaste schwarz; Oberschenkel bläulichschwarz, Unterschenkel und vordere Körperunterseite gelbbraun.

Vorkommen Die im Gebiet lebende Unterart der Leierantilope ist die **Halbmondantilope** oder das **Sassaby** (*Damaliscus l. lunatus*); nur in Nordbotswana (Okavango-Delta, Chobe-Fluß), im Caprivi-Streifen, im westlichen Simbabwe und in Ost- und Westtransvaal. In Steppen und Buschsavannen.

Wissenswertes Die Bullen der Leierantilope besetzen Territorien und stehen darin auf Erhöhungen „Wache". Sie forkeln gerne den Boden mit ihren Hörnern.

3 Kuhantilope Hartebeest *Alcelaphus buselaphus* (Bovidae)

KR 1,75–2,45 m G 120–200 kg

Merkmale Größe und Gestalt wie Leierantilope; beide Geschlechter mit Hörnern; Fellfarbe glänzend dunkel rotbraun; Stirn, Nasenrücken, Schwanz und äußere Beine schwarz, Hinterkeulen hellbraun.

Vorkommen Die in der Kalahari Zentralbotswanas und in Nordost-Namibia lebende Rasse ist die **Südafrikanische Kuhantilope** oder die **Kaama** (*Alcelaphus b. caama*). In Steppen, Trockensavannen und lockerem Buschland.

Wissenswertes Kuhantilopen leben in Herden von 3–15 Weibchen mit ihren Jungen. In Trockenzeiten schließen sie sich zu Gruppen von mehr als 100 Tieren zusammen.

4 Gnu Wildebeest *Connochaetes taurinus* (Bovidae)

KR 1,70–2,40 m G 140–290 kg

Merkmale Etwa so groß wie ein kleines Rind; Hörner bei beiden Geschlechtern; großer Kopf mit breiter Schnauze; kurzer Hals; schlanke Beine; Rückenlinie abfallend; Färbung dunkel graubraun mit dunkleren vertikalen Streifen auf Hals und Flanken; Kälber rötlichbraun.

Vorkommen Die Unterart **Südliches Streifengnu** (*Connochaetes t. taurinus*) lebt in Nordost-Namibia, ganz Botswana, Südwest-Simbabwe sowie Nordost-Transvaal und Ostnatal. In offenen Gras- und Buschsteppen; zuweilen in Lichtungen von Buschwäldern.

Wissenswertes Die Altmännchen des Streifengnus besetzen Territorien, in denen sie Weibchenrudel von 6–30 Tieren halten. Die Territorien werden u.a. durch Koten und Harnen markiert und gegen Nebenbuhler verteidigt.

5 Weißschwanzgnu White-tailed Gnou *Connochaetes gnou* (Bovidae)

KR 1,70–2,20 m G 160–180 kg

Merkmale Ähnlich wie Gnu, aber mit gerader Rückenlinie; Nacken und Widerrist mit Stehmähne; Schwanzquaste weiß.

Vorkommen Ausschließlich in mehreren Schutzgebieten des Oranje-Freistaates.

Wissenswertes Weißschwanzgnus waren in freier Natur ausgerottet. In privaten Farmen sind sie erhalten und von dort aus in verschiedene Schutzgebiete verbracht worden. Heute gibt es wieder über 3.000 Exemplare.

Säugetiere

1 Kaffernbüffel African Buffalo *Syncerus caffer* (Bovidae)

KR 1,70–2,65 m G 250–800 kg

Merkmale Rinderähnlich; Männchen größer und schwerer als Weibchen; Hörner beim Männchen an der Basis verbreitert; Kopf mächtig mit fransigen Ohren und nacktem Nasenspiegel; Bullen grauschwarz, Weibchen heller, Jungtiere hell rotbraun.

Vorkommen Nur im Norden von Namibia, Botswana und Simbabwe sowie in Osttransvaal und einigen Schutzgebieten im Süden. In Wäldern, Savannen und Dickichten; fast immer in der Nähe von Wasser.

Wissenswertes Kaffernbüffel leben in Herden von 20–2.000 Tieren. Alte Bullen sind oft Einzelgänger. Obwohl sie wehrhaft sind, fallen Kaffernbüffel Löwen zum Opfer. Verärgerte oder angeschossene Tiere greifen manchmal Menschen aus dem Hinterhalt an.

2 Rappenantilope Sable Antelope *Hippotragus niger* (Bovidae)

KR 1,90–2,50 m G 60–165 kg

Merkmale Groß und stämmig; mit säbelartig nach hinten geschwungenem Gehörn, beim Männchen länger, mit bis zu 60 Ringen; Widerristmähne; Ohren ohne Haarpinsel; Farbe dunkel kastanienbraun bis schwarz, Männchen dunkler als Weibchen; Körperunterseite und Keulenspiegel weiß, weiße Partien im Gesicht.

Vorkommen Im Caprivi-Streifen, in Nordbotswana und -simbabwe sowie in Osttransvaal. In Baum- und Buschsavannen, oft in Wassernähe.

Wissenswertes Fälschlicherweise wird die Rappenantilope oft als „Säbelantilope" bezeichnet. Die Säbelantilope *(Oryx gazella dammah)* ist jedoch eine nordafrikanische Unterart des Spießbocks.

3 Pferdeantilope Roan Antelope *Hippotragus equinus* (Bovidae)

KR 2,20–2,65 m G 225–300 kg

Merkmale Ähnlich Rappenantilope, aber größer und mit langen, schmalen „Pinselohren"; mit Widerrist- und Vorderhalsmähne; Fell grau bis fahl rötlichbraun; Männchen mit braunschwarzer Gesichtsmaske.

Vorkommen In Nordbotswana, Simbabwe und Osttransvaal. In offenen Baum- bis lockeren Buschsavannen, immer in der Nähe von Wasser.

Wissenswertes Pferdeantilopen leben in Herden von 5–25 Tieren, die von einem alten Weibchen angeführt und von einem alten Männchen begleitet werden. Die Bullen sind sehr aggressiv, beide Geschlechter verteidigen sich mutig gegen Feinde.

4 Spießbock Oryx *Oryx gazella* (Bovidae)

KR 1,60–2,35 m G 55–225 kg

Merkmale Groß, mit langen Hörnern bei beiden Geschlechtern; Nacken mit kurzer Stehmähne; im Gebiet lebt der **Südafrikanische Spießbock** *(Oryx g. gazella)*: Fell hell aschbraun mit helleren Flächen auf den Hinterkeulen; mit Aalstrich.

Vorkommen In Simbabwe, Namibia, Botswana und der nördlichen Kappprovinz. In Savannen, Halbwüsten und Wüsten.

Wissenswertes Spießböcke sind mancherorts sehr scheu. Sie leben einzeln (Bullen) oder in Herden von zwölf oder mehr Tieren zusammen.

5 Springbock Springbuck *Antidorcas marsupialis* (Bovidae)

KR 1,20–1,50 m G 20–45 kg

Merkmale Oberseite hell bis dunkel isabellfarben mit dunklem Flankenstreifen und weißem Bauch; Unterseite und Kopf weiß; schwarzer Streifen vom Hornansatz bis zum Mundwinkel; entlang der Rückenlinie eine Hautfalte mit Rückendrüse und ausstülpbarer Haarleiste.

Vorkommen In den Halbwüsten Namibias, Botswanas und der nordwestlichen Kapprovinz. In offenen Ebenen mit spärlichem Bewuchs.

Wissenswertes Auffällig ist das sogenannte „Pronken": Das sind Prellsprünge mit steifen Beinen, gekrümmtem Rücken und gesträubten Rückendrüsenhaaren.

Säugetiere

1 Grasantilope oder **Puku** Puku *Kobus kob* (Bovidae)

KR 1,25–1,80 cm G 50–90 kg
Merkmale Im Gebiet lebt die Unterart Angola-Grasantilope *(Kobus k. vardoni)*; rehgroß, aber kompakter; nur Männchen mit Hörnern; Farbe goldbraun, Unterseite, Kehle, Augenbrauen und Schnauze weißlich.

Vorkommen Im Chobe-Nationalpark.
Wissenswertes Pukus leben in Herden von 6–20 Tieren, die sich aus Weibchen und ihren Jungtieren zusammensetzen. Böcke leben in Junggesellentrupps oder einzeln. Zur Brunft sind alte Böcke territorial.

2 **Wasserbock** Waterbuck *Kobus ellipsiprymnus* (Bovidae)

KR 1,80–2,20 m G 150–250 kg
Merkmale Eine hirschgroße, sehr kompakte Antilope; Hörner nur beim Männchen; Fell graubraun, Flanken etwas heller; Beine nach unten dunkler werdend; charakteristischer weißer Ring um die Schwanzwurzel; Ohrinneres und Augenbrauen weiß, Kehle hell; Fell struppig und grobhaarig; Schweißdrüsen an den Flanken fetten das Haarkleid; Geruch moschusartig.
Vorkommen In Nordbotswana, Simbabwe und Osttransvaal sowie im nördlichen Natal. In Grasland mit Gebüsch, in Gehölzen und Galeriewäldern stets nahe am Wasser.
Wissenswertes Wasserböcke sind tagaktive, gesellige Tiere. Sie leben in Herden von 6–12 Tieren, die aus Kühen mit ihren Kälbern bestehen. Wo es genügend anderes Wild gibt, werden Wasserböcke von Raubtieren gemieden, weil ihr Fleisch faserig und zäh ist und überdies streng riecht. Bei Gefahr fliehen Wasserböcke ins Wasser, wo sie angeblich selbst von Krokodilen als Beute verschmäht werden.

3 **Impala** oder **Schwarzfersenantilope** Impala *Aepyceros melampus* (Bovidae)

KR 1,20–1,60 m G 40–80 kg
Merkmale Knapp hirschgroß, aber sehr schlank mit gerader Rückenlinie; nur Männchen mit leierförmig geschwungenen Hörnern; Fell kurz und glatt; Hals, Rücken und Keulen glänzend rotbraun, Flankenunterrand etwas heller, Unterseite gräulichweiß; heller Ring um die Augen; schwarzer Querstrich auf der Stirn; Streifen auf den Keulen und der Schwanzmitte.
Vorkommen Im Nordwesten Botswanas, im Caprivi-Streifen, in Simbabwe sowie im Norden und Osten von Transvaal. In Parklandschaften, Akaziensavannen, Miombo- und Mopanewaldbeständen und Galeriewäldern; Wassernähe erforderlich.
Wissenswertes Impalas sind tagaktiv und leben in Trupps von 6–50, manchmal sogar 100–200 Tieren. Zur Fortpflanzungszeit besetzen die Altmännchen Territorien. Junge Männchen und nicht-territoriale Böcke bilden Junggesellenherden. Impalas sind gewandte Springer, die 3 m hoch und über 10 m weit springen können.

4 **Schwarznasenimpala** Black-faced Impala *Aepyceros m. petersi* (Bovidae)

KR 1,20–1,60 m G 40–80 kg
Merkmale Färbung wie beim Impala, aber mit deutlichem Längsstreifen auf dem Nasenrücken.

Vorkommen In Nordwest-Namibia; häufig im Etosha-Nationalpark.
Wissenswertes Das Schwarznasenimpala ist eine Unterart des Impalas.

5 **Moorantilope** Lechwe Waterbuck *Kobus leche* (Bovidae)

KR 1,30–1,80 m G 60–130 kg
Merkmale Rehgroß, aber kompakter; hinten deutlich höher als vorne; Hauptklaue sehr lang und schmal; Fell leuchtend rotbraun mit helleren Flanken und weißer Unterseite; Vorderseiten der Vorderbeine und Schwanzspitze schwärzlich.

Vorkommen In Nordbotswana (Okavango-Delta, Chobe) und im Caprivi-Streifen.
Wissenswertes Moorantilopen bilden Herden von 10–100 Tieren und mehr. Bei Gefahr flüchten sie ins Wasser. Sie äsen frühmorgens und spätabends gern in knietiefem Wasser.

Säugetiere

1 Strauß Ostrich *Struthio camelus* (Struthionidae)

L 2,10–2,40 m

Merkmale Größter lebender Vogel, bis 150 kg schwer; flugunfähig, kräftig ausgebildete Beine, an jedem Fuß nur zwei Zehen; Hals lang; Kopf klein; Beine kahl, Kopf und Hals spärlich befiedert; Gefieder des Männchens überwiegend schwarz, Weibchen und unausgefärbte Vögel bräunlich gefärbt; Jungvögel hell graubraun mit schwarzen Längsstreifen; der im Gebiet vorkommende **Südafrikanische Strauß** (*Struthio c. australis*) hat einen blauen Hals und blaue Beine; Stimme: im allgemeinen stumm, nur während der Brutzeit geben die Hähne ein dumpfes Grollen von sich, das an entferntes Löwenbrüllen erinnert.

Vorkommen In Namibia, Botswana, Westsimbabwe, im Norden und Osten von Transvaal und in der nördlichen Kapprovinz. In offenen Savannen, Halbwüsten und Wüsten mit spärlicher Vegetation.

Wissenswertes Strauße werden mit drei bis vier Jahren geschlechtsreif. Sie leben zur Brutzeit paarweise. Zuweilen hat ein Hahn mehrere Hennen, die zusammen ein großes Gelege bilden. Die Haupthenne brütet am Tag, das Männchen in der Nacht (Brutdauer ca. 42 Tage). Straußeneier wiegen ungefähr 1 kg, ihr Inhalt entspricht dem von über 20 Hühnereiern. In Südafrika werden Strauße als Fleischlieferanten häufig in Farmen gezüchtet.

2 Brillenpinguin Jackass Penguin *Spheniscus demersus* (Spheniscidae)

L 63–68 cm

Merkmale Vorderkopf, Scheitel, Gesichtsseiten, Kinn, Kehle und Oberseite schwarz, Unterseite weiß; ein breites Band von der Oberschnabelbasis über das Auge zur weißen Unterseite; ein schmales, schwarzes, u-förmiges Band über Brust und Körperseiten; Füße schwarz; Schnabel kräftig, schwarz mit grauem Querstrich, rosa Schnabelfleck über der Schnabelwurzel.

Vorkommen Von Angola an der südwestafrikanischen Küste um das Kap der Guten Hoffnung herum bis Natal; Brutplätze in Kolonien auf küstennahen Inseln.

Wissenswertes Zur Eiablage scharren Brillenpinguine eine flache Vertiefung oder graben eine Höhle, die mit Steinen, Holzstückchen und Federn ausgepolstert wird. Das Weibchen legt zwei Eier. Die Jungen mausern mit drei Monaten ins Alterskleid.

3 Zwergtaucher Dabchick *Tachybaptus ruficollis* (Podicipedidae)

L 25 cm

Merkmale Ein kleiner, rundlicher Lappentaucher; Gesicht und Hals im Brutkleid kastanienrot, Rücken und Brust dunkel, Körperseiten bräunlichgrau; Vögel im Ruhekleid und Jungvögel ohne Rot am Hals; Stimme: ein schriller auf- und absteigender Triller.

Vorkommen Im gesamten Gebiet mit Ausnahme von Zentralbotswana und Nordwest-Namibia. Süß- und Brackwasserseen, Tümpel und langsam fließende Flüsse.

Wissenswertes Der Zwergtaucher baut ein Schwimmnest aus abgestorbenen Wasserpflanzen. Er legt zwei bis vier Eier.

4 Rosapelikan White Pelican *Pelecanus onocrotalus* (Pelecanidae)

L 1,50–1,75 m

Merkmale Spannweite fast 3 m; weiß, im Brutkleid mit einem Hauch von Rosa; im Flug werden die schwarzen Handschwingen sichtbar; Segelflug in thermischen Aufwinden, Ruderflug mit langsamen Flügelschlägen; Stimme: nur zischende, fauchende und grunzende Laute am Brutplatz.

Vorkommen Süß- und Salzwasser in Nordbotswana, Westnamibia, an der Westküste Südafrikas, in Ostnatal und Osttransvaal.

Wissenswertes Der Rosapelikan brütet u.a. auf Dassen Island, in der Walvis Bay, der Etosha-Pfanne, am Hardap Dam, in der Makgadikgadi-Pfanne, am Ngami- und am St.Lucia-See. Die Brutkolonien können mehrere Hundert oder gar Tausend Paare umfassen. Die Vögel sind am Brutplatz sehr scheu und verlassen bei der geringsten Störung das Nest. Schon mit drei bis vier Wochen flüchten die Jungen bei Gefahr ins Wasser. Sie werden mit 14 Wochen selbständig.

1 Kaptölpel Cape Gannet *Morus capensis* (Sulidae)

L 84–94 cm

Merkmale Mehr als gänsegroß; zigarrenförmiger Körper mit langen Flügeln, keilförmigem Schwanz und starkem Schnabel; weiß, mit schwarzen Arm- und Handschwingen, alle zwölf Schwanzfedern braunschwarz; Scheitel und Genick gelb; nackte Gesichtshaut und Kehle schwarz; Füße bräunlichschwarz; Jungvögel oberseits bräunlichgrau mit weißen Sprenkeln, unterseits weißlich mit braunen Querstreifen; Stimme: auf See im allgemeinen stumm, am Brutplatz ein rauhes, lautes Quarren.

Vorkommen In den Gewässern vor der Ost- und Westküste des südlichen Afrikas; brütet auf sechs Inseln vor der Küste der Kapprovinz.

Wissenswertes Kaptölpel fliegen (1b) gewöhnlich in langen Ketten hintereinander ziemlich flach über das Meer. Ihre Nahrung erbeuten sie durch „Stoßtauchen": Dabei stürzen sie sich mit angelegten Flügeln aus großer Höhe ins Wasser. Tölpel nisten oft in großen Kolonien. Die Küken schlüpfen nackt und dunkelhäutig, nach einer Woche wächst ihnen ein weißes Dunenkleid. Sie werden von beiden Eltern gefüttert. Vor dem Flüggewerden sind sie wohlgenährt und müssen, bevor sie das Nest verlassen können, zuerst eine Zeitlang fasten.

2 Weißbrustkormoran White-breasted Cormorant *Phalacrocorax carbo* (Phalacrocoracidae)

L 92 cm

Merkmale Der Weißbrustkormoran *Phalacrocorax c. lucidus* ist vermutlich die afrikanische Unterart des Kormorans; Oberkopf, Hinterhals und Oberseite schwarz mit grünlichem Schimmer; Gesicht, Vorderhals und Brust weiß, übrige Unterseite schwarz; im Brutkleid weiße Flecken in der Nähe des Beinansatzes; Schnabel gelb, Füße grau.

Vorkommen Im gesamten Gebiet mit Ausnahme der Zentralkalahari.

Wissenswertes Weißbrustkormorane brüten in lockeren Kolonien von mehreren Hundert Tieren. Die Nester werden in Bäumen oder auf steilen Felsen angelegt. Das Gelege besteht aus drei bis vier Eiern. Beim Fischfang tauchen sie 3–4 m tief und bleiben bis zu 45 Sekunden unter Wasser.

3 Kapkormoran Cape Cormorant *Phalacrocorax capensis* (Phalacrocoracidae)

L 64 cm

Merkmale Deutlich kleiner als der Weißbrustkormoran mit sehr kurzem Schwanz; Gefieder insgesamt schwarz, Vorderhals und Brust dunkelbraun; nackte Gesichtshaut und Kehle gelb; Füße schwarz.

Vorkommen Der häufigste Kormoran an den Küsten Südafrikas; brütet auf flachen Strandpartien, auf Inseln oder künstlichen Guano-Plattformen vor der Küste Namibias bis zum Kap der Guten Hoffnung. Nur am Salz- oder Brackwasser.

Wissenswertes Der Kapkormoran gehört zu den guanoliefernden Vögeln vor der Küste Südwestafrikas. Sein Kot wird als wertvoller Naturdünger in der Landwirtschaft verwendet. Er baut ein Nest aus Seegras und Stöckchen und legt zwei bis sechs Eier.

4 Schlangenhalsvogel Darter *Anhinga rufa* (Anhingidae)

L 95 cm

Merkmale Wie ein langhalsiger Kormoran mit langem Schwanz; Schnabel dolchartig ohne Haken; Hals s-förmig gebogen; rotbraun mit weißen Seitenstreifen; Unterseite schwarz; Jungvögel allgemein blasser mit gelblichem Bauch.

Vorkommen Im gesamten südlichen Afrika mit Ausnahme der Zentralkalahari und Nordwest-Namibias. An Binnengewässern, Seen und langsam fließenden Flüssen.

Wissenswertes Schlangenhalsvögel ernähren sich von Fischen und anderen Süßwassertieren. Sie schleichen sich schwimmend an ihre Beute heran. Größere Fische werden mit dem spitzen Schnabel harpuniert. Wie das Gefieder der Kormorane ist auch das der Schlangenhalsvögel nicht wasserabstoßend. Das hilft ihnen, beim Tauchen den Auftrieb zu verringern. Allerdings müssen die Federn nach jedem Tauchgang an der Luft getrocknet werden.

1 Purpurreiher Purple Heron *Ardea purpurea* (Ardeidae)

L 75–90 cm

Merkmale Kleiner als Fischreiher mit sehr schlankem Schnabel; grau und rotbraun gefärbt mit rotem Hals in allen Altersstadien; Scheitel schwarz; der **Goliathreiher** ist ähnlich gefärbt, aber erheblich größer.

Vorkommen In einem Bogen von Nordwest-Namibia, Ostbotswana, Simbabwe, Transvaal, Lesotho nach Natal sowie in einem schmalen Streifen an der Ostküste bis zum Kap. An Süß- und Salzwasser.

Wissenswertes Der Purpurreiher bevorzugt Schilfbestände. Mit seinen besonders langen Zehen kann er die Riedhalme sehr gut umgreifen. Er watet mit seinen relativ kurzen Beinen daher seltener im Wasser. Lieber fischt der Purpurreiher an kleinen Wasserläufen vom Ufer aus.

2 Fischreiher Grey Heron *Ardea cinerea* (Ardeidae)

L 90–100 cm

Merkmale Groß und grau; Hals weiß; Schnabel gelb; vom Purpurreiher durch das Fehlen von Rot, vom Schwarzhalsreiher durch weißen Scheitel und Hals unterschieden; unausgefärbte Fischreiher haben eine dunkel gestreifte Unterseite; Stimme: krächzende Laute am Brutplatz.

Vorkommen Im gesamten südlichen Afrika mit Ausnahme der südlichen Küstennamib; selten. An flachen Binnengewässern und Brackwasserlagunen; gewöhnlich einzeln im flachen Wasser watend, zuweilen schwimmend.

Wissenswertes Wie die meisten Reiher pirscht sich der Fischreiher vorsichtig an seine Beute heran oder belauert sie auf dem „Anstand". Der Hals ist s-förmig zurückgebogen. Aus dieser Position kann der Kopf blitzschnell nach vorn geschleudert werden, um ein Beutetier zu packen. Auch im Flug wird der Hals s-förmig getragen und auf den vorderen Rücken zurückgezogen. Reiher haben keine Bürzeldrüse, die Fett absondert. Sie halten ihr Gefieder stattdessen dadurch wasserabweisend, daß sie sich mit dem Puder ihrer „Puderdunen" putzen – Federn, deren Spitzen allmählich zu feinem Puder zerfallen.

3 Silberreiher Great White Egret *Casmerodius albus* (Ardeidae)

L 85–90 cm

Merkmale Der größte weiße Reiher Afrikas; reinweißes Gefieder in allen Altersstufen; Beine vollständig schwarz; Schnabel zur Brutzeit schwarz, sonst gelb; vom etwas kleineren Mittelreiher durch eine dunkle Linie am Schnabelgrund unterschieden, die sich bis 1 cm hinter das Auge erstreckt.

Vorkommen Eine der wenigen Vogelarten, die sämtliche Kontinente (außer der Antarktis) besiedelt; in Nordost-Namibia, Nordbotswana, Simbabwe, Transvaal, Natal und von dort aus in einem Streifen in Küstennähe bis zum Kap. An den Ufern von Süßwasserseen, selten am Meer.

Wissenswertes Im Brutkleid bildet der Silberreiher zerschlissene Schmuckfedern aus. Diese „Reiherfedern" waren um die Jahrhundertwende als Hutschmuck überaus begehrt.

4 Schwarzhalsreiher Black-headed Heron *Ardea melanocephala* (Ardeidae)

L 95 cm

Merkmale Etwas kleiner als der Fischreiher; grau, schwarz und weiß gefärbt mit schwarzem Hals und Scheitel; vom Purpur- und Goliathreiher durch Fehlen von Rostrot im Gefieder unterschieden.

Vorkommen Überall im Gebiet; im Gegensatz zum Fischreiher oft weit entfernt vom Wasser zu finden, wo er auf Grasland, Feldern und Lichtungen Heuschrecken, Frösche, Eidechsen und Schlangen jagt.

Wissenswertes Wo der Schwarzhalsreiher gemeinsam mit dem Fischreiher vorkommt, bilden sie manchmal gemischte Brutkolonien. Er nistet das ganze Jahr über in wassernahen Bäumen oder in Schilfbeständen. Das Weibchen legt zwei bis vier Eier, die 25–28 Tage bebrütet werden. Die Nahrung besteht vorwiegend aus Fröschen und Insekten, weniger aus Fischen. Im Alter von neun Wochen sind die Jungen flügge und beginnen selbst mit der Beutesuche.

Vögel

1 Seidenreiher Little Egret *Egretta garzetta (Ardeidae)*

L 64 cm

Merkmale Erheblich kleiner als Silberreiher und etwas kleiner als Mittelreiher; in allen Gefiederstadien weiß gefärbt; Schnabel schwarz; von allen anderen weißen Reihern Afrikas durch schwarze Füße mit auffällig gelben Zehen unterschieden; im Brutkleid mit verlängerten Genickfedern; Stimme: ein kurzes krächzendes Quaken.

Vorkommen Im gesamten Gebiet am Ufer von Seen und Sümpfen, in Überschwemmungsgebieten, Mangrovensümpfen und an der Meeresküste.

Wissenswertes Während andere Reiher auf dem Ansitz auf Beute lauern, betreibt der Seidenreiher eine „Pirschjagd". Er nähert sich Fischen und Wasserinsekten sehr vorsichtig, um dann plötzlich zuzuschnappen. Kleine Beutetiere scheucht er durch Zittern mit einem Fuß auf. Wie bei anderen weißen Reihern treten auch bei dieser Art schwarz gefärbte Farbvarianten auf. Sie sind in Afrika häufiger als in Europa. Die weiße Farbvariante des **Meerreihers** *(Egretta gularis)* unterscheidet sich durch einen orangefarbenen Schnabel vom Seidenreiher.

2 Mittelreiher Yellow-billed Heron *Egretta intermedia (Ardeidae)*

L 70 cm

Merkmale Etwas größer als Seidenreiher, kleiner als Silberreiher; Gefieder einheitlich weiß; Schnabel derb und gelb; schwarze vom Schnabelgrund ausgehende Linie, die auf Augenhöhe endet (nicht hinter dem Auge wie beim Silberreiher); Beine schwarz mit einem kleinen gelben Fleck oberhalb des Fersengelenks, der im Brutkleid stärker ausgeprägt ist; Stimme: verschiedene krächzende Laute am Brutplatz.

Vorkommen In Nordwest-Namibia, Nordbotswana, Osttransvaal, Natal, im Oranje-Freistaat und im Süden der Kapprovinz. An Sümpfen, Seeufern, Flüssen und Meeresküsten.

Wissenswertes Der Mittelreiher erscheint meist in geringer Zahl. Er jagt vom Ufer aus oder im flachen Wasser stehend und brütet in kleinen Kolonien in Bäumen. Edelreiher ist ein anderer gebräuchlicher Name für den Mittelreiher.

3 Kuhreiher Cattle Egret *Bubulcus ibis (Ardeidae)*

L 54 cm

Merkmale Kleiner, kurzbeiniger und gedrungener als Seidenreiher; im Ruhekleid ganz weiß mit gelbem Schnabel; Beine gelblich oder fleischfarben; im Brutkleid sind Scheitel, Rücken und Brust gelblich oder rötlich angehaucht; oft mit Rindern oder Großsäugern der afrikanischen Savannen vergesellschaftet und auf dem Rücken von Kühen oder Büffeln sitzend.

Vorkommen In Nordwest-Namibia, Nordost-Botswana, Transvaal, Natal, im Oranje-Freistaat und im Süden der Kapprovinz. Auf Grasland, Weideland, an Sümpfen, Seeufern; auch weit entfernt vom Wasser.

Wissenswertes Der Kuhreiher hat sich in den letzten 100 Jahren in Afrika stark vermehrt. Gegen Mitte des 20. Jahrhunderts hat er sogar Südamerika erreicht und sich dort ebenfalls explosionsartig ausgebreitet.

4 Rallenreiher Squacco Heron *Ardeola ralloides (Ardeidae)*

L 45 cm

Merkmale Untersetzt; Hals, Schnabel und Beine verhältnismäßig kurz; Schnabel gelb mit schwarzer Spitze, zur Brutzeit kräftig blau; Gefieder unscheinbar rötlichbraun, im Flug leuchten die weißen Flügel auf und sind ein gutes Erkennungszeichen; Jungvögel sind ober- und unterseits kräftig dunkelbraun gestreift; in allen Kleidern dunkler als der nur wenig größere Kuhreiher.

Vorkommen Im Gebiet nur inselartig brütend, in Nordost-Namibia oder -botswana sowie in Transvaal und Natal aber regelmäßiger Besucher. In dichter Ufervegetation von Seen, Marschgebieten und Sümpfen.

Wissenswertes Der Rallenreiher kann gewandt durch Schilfbestände schlüpfen und auf den Schwimmblättern der Teichrose laufen. Die Nahrung besteht aus Insekten, Schnecken, kleinen Fröschen und Fischen.

Vögel

1 Rotbauchreiher Rufous-bellied Heron *Butorides rufiventris* (Ardeidae)

L 38 cm

Merkmale Ein kleiner, überwiegend dunkel schieferfarbener Reiher mit rotbraunem Bauch und rotbraunen Flügeln; Schnabel gelb mit schwarzer Spitze; im Brutkleid Unterschnabel gelb, Oberschnabel braun; Weibchen und Jungvögel bräunlicher als Männchen; lebt heimlich, teilweise nachtaktiv; meist einzeln auftretend.

Vorkommen Im Caprivi-Streifen, im Norden von Botswana und Simbabwe sowie vereinzelt in Transvaal. An großen Flüssen mit Altwässern und häufig überfluteten Ufern (z.B. am Chobe-Fluß), an Lagunen und Schilfbeständen.

Wissenswertes Bei Gefahr fliegt der Rotbauchreiher nur eine kurze Strecke und läßt sich bald wieder im Schilf nieder. Dort verharrt er reglos, ohne aber die für Dommeln typische „Pfahlstellung" einzunehmen. Bei der Jagd verharrt er zuweilen minutenlang bewegungslos.

2 Nachtreiher Black-crowned Night Heron *Nycticorax nycticorax* (Ardeidae)

L 60 cm

Merkmale Ein gedrungener grau-weißer Reiher mit schwarzer Oberseite und schwarzem Scheitel; Beine kurz; Kopf groß; stark verlängerte Nackenfedern; außerhalb der Brutzeit ist der Nachtreiher nachtaktiv.

Vorkommen Weltweit verbreitet; im Gebiet in Nordost-Namibia, Nordbotswana, Simbabwe, Transvaal, Natal, im Oranje-Freistaat und der südlichen Kapprovinz.

Wissenswertes Nachtreiher nisten in Kolonien von manchmal weniger als zehn Paaren. Die Nester befinden sich auf Bäumen, Büschen oder im Schilf. Die drei bis fünf blaugrünen Eier werden von beiden Eltern knapp einen Monat lang bebrütet. Gegenüber Artgenossen sind Nachtreiher recht unverträglich. Lautstarke Auseinandersetzungen in der Kolonie sind deshalb an der Tagesordnung.

3 Marabu Marabou Stork *Leptoptilos crumeniferus* (Ciconiidae)

L 1,5 m

Merkmale Unverkennbar durch seine enorme Größe, den mächtigen Schnabel und den großen, fleischfarbenen Kehlsack; Oberseite und Flügel grau, Unterseite weiß; weiße Halskrause am Übergang zum nackten Hals; Schnabel schmutzig graugrün; Beine schwärzlich; Stimme: meist stumm; in der Brutkolonie manchmal ein krächzendes Fauchen; klappert mit dem Schnabel.

Vorkommen In Nordwest-Namibia, Botswana, Simbabwe und Nord- und Osttransvaal. In offenem Gelände in der Savanne oder Buschsteppe, auch an Binnengewässern.

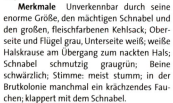

Wissenswertes Der Marabu nistet in kleinen Kolonien auf Bäumen, meist Akazien, gelegentlich auch auf Felsen. Die zwei bis drei Eier werden am Ende der Regenzeit gelegt (Brutdauer etwa 30 Tage). Marabus treten oft gesellig auf. Sie suchen, am Rande von Gewässern watend, nach Nahrung, lauern häufig aber auch an Müllkippen auf Freßbares. Regelmäßig erscheint der Marabu zusammen mit Geiern an Aas, das Großraubtiere hinterlassen. Er ist ein hervorragender Segelflieger und hat zusammen mit dem Sunda-Marabu und dem Kondor die größte Flügelspannweite unter allen Landvögeln.

4 Hammerkopf Hammerkop *Scopus umbretta* (Scopidae)

L 56 cm

Merkmale Große Ähnlichkeit mit Störchen und Reihern; einheitlich dunkelbraunes Gefieder; der Kopf mit dem seitlich zusammengepreßten Schnabel und dem Federschopf sieht einem Schusterhammer ähnlich.

Vorkommen Im Caprivi-Streifen, im Norden von Botswana und Simbabwe sowie vereinzelt in Transvaal. An großen Flüssen mit Altwässern und häufig überfluteten Ufern, an Lagunen und Schilfbeständen.

Wissenswertes Das Nest des Hammerkopfes befindet sich meist auf einem Baum in Wassernähe. Es ist ein riesiges Gebilde aus Knüppeln und Zweigen (Durchmesser 1,5 m) und hat innen einen kleinen, aus Lehm gefertigten Hohlraum mit einem seitlichen Eingangsloch.

Vögel

1 Nimmersatt Yellow-billed Stork *Mycteria (Ibis) ibis* (Ciconiidae)

L 100 cm

Merkmale Ein mittelgroßer, rosaweiß gefärbter Storch mit schwarzen Schwingen und schwarzem Schwanz; Gefieder im Brutkleid auf Rücken und Flügeln tief rosa mit leichtem Purpurhauch; Gesicht nackt und rot; Schnabel nach unten gebogen, lang und gelb; Beine fleischfarben; Jungvögel insgesamt bräunlicher.

Vorkommen Brutvogel in Nordbotswana und in Simbabwe; Gast in Namibia, Transvaal, im Oranje-Freistaat und in Natal. An Binnengewässern mit flachen Ufern, gelegentlich an der Küste.

Wissenswertes Nimmersatte stecken bei der Nahrungssuche den Schnabel bis zum Kopf ins Wasser und tasten so nach Fischen. Sie brüten in Kolonien, meist mit anderen Arten vergesellschaftet, auf Bäumen oder Felsen. Das Gelege besteht aus zwei bis drei weißlichen Eiern. Die Brutdauer beträgt 30 Tage.

2 Sattelstorch Saddle-billed Stork *Ephippiorhynchus senegalensis* (Ciconiidae)

L 1,5 m

Merkmale Unverkennbar durch seine Größe, den mächtigen bunten Schnabel und das schwarzweiße Gefieder; im Flug fallen die weißen Arm- und Handschwingen auf; Männchen mit brauner, Weibchen mit gelber Iris; Schnabel schwarz und rot mit gelbem Sattel (Name!); Beine schwarz, Gelenke und Zehen rötlich fleischfarben; auf der Brust ein roter Fleck.

Vorkommen Im Norden von Namibia und Botswana, in Simbabwe sowie in Osttransvaal und Ostnatal; wenige inselartige Vorkommen in Transvaal. An großen Flüssen mit Flachwasserzonen, am Ufer von Seen und Tümpeln.

Wissenswertes Der Sattelstorch tritt meist einzeln oder paarweise auf. Er sucht seine Beute – Fische, Frösche, Kleinsäuger und junge Vögel – im seichten Wasser oder in niedriger Sumpfvegetation watend. Sattelstörche brüten einzeln in einem großen Horst auf Bäumen oder Felsen in Wassernähe. Das Gelege besteht aus drei Eiern.

3 Klaffschnabel Open-billed Stork *Anastomus lamelligerus* (Ciconiidae)

L 90 cm

Merkmale Einheitlich schwarz gefärbt mit großem, dunklem Schnabel; Ober- und Unterschnabel klaffen in der Mitte auseinander, auch wenn der Schnabel „geschlossen" ist; Beine schwärzlich; unausgefärbte Jungvögel ähnlich den Altvögeln, aber noch ohne „Klaffschnabel".

Vorkommen Im Norden von Namibia und Botswana, in Simbabwe sowie in Osttransvaal und Ostnatal; wenige inselartige Vorkommen in Transvaal; innerafrikanischer Zugvogel, der das südliche Afrika im Winter verläßt. An langsam fließenden Flüssen mit Flachwasserzonen, in Sümpfen und im Marschland.

Wissenswertes Das Vorkommen des Klaffschnabels ist abhängig von der Anwesenheit bestimmter Süßwassermollusken, z.B. Wasserschnecken der Gattung *Lanistes* und mehrerer Süßwasser-Muschelarten, von denen er sich überwiegend ernährt. Die Schneidenränder seines Schnabels sind mit Hornborsten besetzt. Damit kann der Vogel nicht nur Muscheln und Schnecken öffnen, sondern auch Frösche und Fische greifen.

4 Wollhalsstorch Woolly-necked Stork *Ciconia episcopus* (Ciconiidae)

L 85 cm

Merkmale Ein kleinerer Storch mit schwarzglänzendem Gefieder, weißem Bauch und wollig befiedertem weißen Hals; im Flug überragen die weißen Unterschwanzdecken die schwarzen Schwanzfedern; Stirn schwarz; Schnabel schwarz mit roter Spitze und rotem First; Beine schwärzlich.

Vorkommen Auffällig deckungsgleich mit dem von Klaffschnabel und Sattelstorch.

Wissenswertes Der Wollhalsstorch tritt meist einzeln an flachen Seen und an der Küste auf. Der ähnliche, aber sehr gesellige **Abdimstorch** mit schwarzem Hals und blaugrauen Wangen sucht das südliche Afrika nur zwischen Oktober und April auf.

Vögel

1 Afrikanischer Löffler   African Spoonbill   *Platalea alba*   (Threskiornithidae)

L 91 cm

Merkmale Erinnert entfernt an einen Reiher; erkennbar an dem blaugrauen Löffelschnabel, der roten Gesichtshaut und den roten Beinen; Flug im Gegensatz zu den Reihern kraftvoller und mit ausgestrecktem Hals.

Vorkommen Im zentralen Nordnamibia, in Nordbotswana, Simbabwe und im gesamten östlichen und südlichen Südafrika.

Wissenswertes Der Afrikanische Löffler sucht seine Nahrung meist im seichten Wasser oder im Schlick. Er brütet vorwiegend in Baumnestern, aber auch in Schilfbeständen.

2 Hagedasch   Hadada Ibis   *Bostrychia hagedash*   (Threskiornithidae)

L 75 cm

Merkmale Ein dunkel olivbrauner bis olivgrauer Vogel mit metallisch grün schimmernden Flügeln und ebensolchem Rücken; Unterseite, Hals und Kopf etwas blasser; ein hellgrauer Streifen reicht vom Schnabelgrund bis hinter das Ohr; Beine schmutzig rot; der ähnliche **Braune Sichler** ist kleiner und dunkler gefärbt; Stimme: ein durchdringendes unverwechselbares „Haga-dah".

Vorkommen Im Norden von Botswana und Simbabwe, in Osttransvaal und Ostnatal sowie in einem Streifen an der Südküste der Kapprovinz. In Sumpfgelände, in Wassernähe in der Busch- und Baumsavanne und auf Weideland.

Wissenswertes Der Hagedasch brütet gewöhnlich einzeln bis in 2.000 m Höhe. Außerhalb der Brutzeit sind die Vögel geselliger.

3 Heiliger Ibis   Sacred Ibis   *Threskiornis aethiopicus*   (Threskiornithidae)

L 85 cm

Merkmale Überwiegend weiß mit nacktem, schwarzem Hals und Kopf; Schnabel schwarz, lang und abwärts gebogen; purpurschwarze Schmuckfedern am Hinterrücken, die den Jungvögeln fehlen; im Flug fallen die dunklen Säume der Schwingen auf.

Vorkommen Im zentralen Nordnamibia, in Nordbotswana, Simbabwe und im gesamten östlichen und südlichen Südafrika. An flachen Binnengewässern, in Sümpfen und auf Weiden; stellenweise an der Küste.

Wissenswertes Der Heilige Ibis wurde in Ägypten als Verkörperung des Gottes Thoth verehrt, des Gottes der Weisheit und des Schreibers der Götter. In Sakkaro bei Kairo wurden Ibisfriedhöfe mit teils gut erhaltenen Mumien gefunden.

4 Flamingo   Greater Flamingo   *Phoenicopterus ruber*   (Phoenicopteridae)

L 1,4 m

Merkmale Weiß mit einem rosa Schimmer; Flügeldecken und Achselfedern leuchtend rot, Schwungfedern schwarz; rosa Schnabel mit schwarzer Spitze; Beine grau; Stimme: nasales Schnattern, manchmal gänseartig trompetende Schreie.

Vorkommen Im gesamten Gebiet mit Ausnahme von Ostnamibia, Lesotho und Teilen des Oranje-Freistaates; brütet selten und unregelmäßig z.B. in der Etosha-Pfanne.

Wissenswertes Flamingos sind gesellig und treten meist in großen Scharen auf, oft mit Zwergflamingos vergesellschaftet.

5 Zwergflamingo   Lesser Flamingo   *Phoenicopterus minor*   (Phoenicopteridae)

L 100 cm

Merkmale Deutlich kleiner als der Flamingo; Gefieder rosarot; Schnabel dunkelrot mit schwarzer Spitze; Stimme: sehr ähnlich der des Flamingos.

Vorkommen Wie beim Flamingo.

Wissenswertes Anders als der Flamingo, der überwiegend Kleinkrebse frißt, ernährt sich der Zwergflamingo von Blau- und Kieselalgen. Das Innere der charakteristisch in der Mitte abgeknickten Schnäbel der Flamingoarten ist mit zahlreichen Lamellen besetzt. Gemeinsam mit der dickfleischigen Zunge bilden sie einen Seihapparat, mit dem die Vögel ihre Nahrung aus dem Wasser filtern können.

Vögel

1 **Rotbrust-Zwerggans** African Pygmy Goose *Nettapus auritus* (Anatidae)

L 31–35 cm

Merkmale Ähnlich einer kleinen Ente; Hinterkopf und Rücken dunkelgrün; Gesicht, Hals und Bauch weiß; Brust und Flanken orangebraun; im Flug mit einer weißen Flügelbinde; Männchen mit orangegelbem Schnabel und wesentlich bunter und kontrastreicher gefärbt als Weibchen.

Vorkommen Im Caprivi-Streifen, in Nordbotswana, Simbabwe und Osttransvaal. An Süßwasserseen, Altarmen und Tümpeln mit dichtem Wasserpflanzenbewuchs.

Wissenswertes Wie eine Ente taucht, schwimmt und fliegt die Zwerggans sehr gut. Gewöhnlich lebt sie paarweise oder in kleinen Gruppen zwischen Seerosen und anderen Wasserpflanzen. Sie brütet in Baumhöhlen, Felshöhlen, Termitenhügeln oder verlassenen Nestern. Die Nahrung besteht aus Wasserpflanzen und Kleintieren.

2 **Witwenpfeifgans** White-face Whistling Duck *Dendrocygna viduata* (Anatidae)

L 45–48 cm

Merkmale Zierlich, langhalsig und hochbeinig; schwarzer Hinterhals und rotbraune Brust; Gesicht auffällig weiß; feine Seitenstreifung; Stimme: helle Pfeiflaute, die wie „tiriri" oder „siriri" klingen.

Vorkommen Im Norden von Namibia und Botswana, in Simbabwe, Transvaal, Natal sowie in einem Streifen an der Südküste der Kapprovinz. An Binnenseen, in Sümpfen, an Küstengewässern und auf küstenfernen Inseln.

Wissenswertes Die Art wird auch als „Witwenente" bezeichnet, gehört jedoch zu den Gänseverwandten. Pfeifgänse leben überwiegend vegetarisch und sind teilweise nachtaktiv. Offenbar führen sie eine lebenslange Einehe; ihre Zusammengehörigkeit bekunden sie durch häufige gegenseitige Gefiederpflege. Das Nest befindet sich am Boden.

3 **Sporengans** Spur-winged Goose *Plectropterus gambensis* (Anatidae)

L 80–100 cm

Merkmale Eine sehr große Gans, die bis zu 6,5 kg wiegen kann; Männchen deutlich größer als Weibchen; metallisch schimmernde schwarze Oberseite; Bauch weiß; ein federloser dunkel rosafarbener Gesichtsfleck; Schnabel dunkelfleischfarben; Jungvögel mit befiedertem Gesicht und insgesamt bräunlicher; am Flügelbug spitze Knochenauswüchse, mit denen die Tiere ihre Gegner durchaus verletzen können.

Vorkommen In Nordost-Namibia und -botswana, Simbabwe, Transvaal, Natal, im Oranje-Freistaat sowie im Süden und Osten der Kapprovinz. An Seen, in Sümpfen und im Schwemmland entlang großer Flüsse.

Wissenswertes Das Jahr über leben Sporengänse durchaus gesellig, zur Brutzeit errichten die Männchen Territorien, die sie hartnäckig gegen Artgenossen verteidigen. Das Weibchen legt das Nest am Boden im Schilf oder zwischen Baumwurzeln an und bebrütet das Gelege aus sechs bis acht Eiern allein. Die Brutdauer beträgt etwa 28 Tage. Die Nahrung der Sporengänse besteht aus grünen Pflanzenteilen, Wasserinsekten, Schnecken, Muscheln, Krebstieren und Würmern.

4 **Nilgans** Egyptian Goose *Alopochen aegyptiacus* (Anatidae)

L 60–70 cm

Merkmale Aus der Entfernung überwiegend hellbraun; Rücken rötlich braun; auffällige rein weiße Oberflügeldecken und grün schillernde Armschwingen; Stimme: gänseähnlich quakende, bei Erregung auch zischende Laute, ruft mit ausgestrecktem Hals.

Vorkommen Im gesamten Gebiet mit Ausnahme der Namib-Wüste. An Flüssen, Seen, Teichen und in Sümpfen; auch weit entfernt vom Wasser in der Grassavanne.

Wissenswertes Außerhalb der Brutzeit ist die Nilgans sehr gesellig, wenn auch ziemlich streitsüchtig. Die Vögel sitzen häufig auf Bäumen, Häusern und Felsklippen. Das Nest wird gewöhnlich in den verlassenen Horsten großer Vögel angelegt, seltener am Boden oder in Erdhöhlen. Das Gelege besteht aus fünf bis neun Eiern.

Vögel

1 Glanzente Knob-billed Goose *Sarkidiornis melanotos (Anatidae)*

L 55–79 cm

Merkmale Eine große Ente mit überwiegend weißem Gefieder; Männchen deutlich größer als Weibchen; Rücken schwarz mit metallischem Schimmer; Kopf schwarz gepunktet; Schnabel und Beine schwarz; Männchen mit Höcker auf dem Oberschnabel.

Vorkommen In Nordost-Namibia und -botswana, Simbabwe, Transvaal, Natal und im Osten des Oranje-Freistaats. An Binnenseen und in Sümpfen mit Teichen.

Wissenswertes Die Glanzente hat scharfe Krallen, die es ihr ermöglichen, auf Bäume zu klettern. Sie brütet gewöhnlich in Baumhöhlen nahe dem Wasser, manchmal auch bis zu 1 km davon entfernt. Das Gelege enthält zuweilen mehr als 20 Eier. Man nimmt daher an, daß die Art polygam ist: Ein Männchen soll bis zu drei Weibchen haben. Die Nahrung der Glanzente besteht aus Samen von Wasserpflanzen, Gras, Getreide und Wasserinsekten.

2 Kapente Cape Wigeon *Anas capensis (Anatidae)*

L 44–48 cm

Merkmale Eine kleine untersetzte Ente mit hellem, kräftig gefleckten Gefieder; Schnabel rosarot; Geschlechter gleich; mit der Rotschnabelente zu verwechseln, die jedoch eine schwarzbraune Kopfplatte und orangefarbene Flecken auf den Flügeln hat; Stimme: das Männchen läßt gelegentlich einen Pfiff ertönen, das Weibchen ein Quaken.

Vorkommen Im gesamten Gebiet mit Ausnahme weiter Teile von Simbabwe und des alleräußersten Ostens von Transvaal. Überwiegend an Brackwasser, Sodaseen, Salzpfannen und Lagunen.

Wissenswertes Die Kapente lebt das Jahr über in Trupps, auch zusammen mit anderen Entenarten. Zur Brutzeit verteidigen die Paare ein Nistrevier. Das Nest wird vom Weibchen auf dem Boden, verborgen im hohen Gras, angelegt. Die sechs bis neun gelbbraunen Eier werden vom Weibchen allein bebrütet (Brutdauer 27 Tage). Die Nahrung der Kapente besteht aus grünen Pflanzenteilen, Insektenlarven und kleinen Mollusken.

3 Kaplöffelente Cape Shoveller *Anas smithii (Anatidae)*

L 51–53 cm

Merkmale Mächtiger Löffelschnabel; Männchen sehr dunkel, fast schwärzlichbraun mit hell abgehobenem Kopf und großem, schwarzem Schnabel; Federränder aus der Nähe weißlich; blaue Vorderflügel, weißes Band über den Flügeldecken und grüne Flügelspiegel; Füße gelb; Weibchen ebenfalls dunkel mit hellen Federrändern; Vorderflügel gräulich; Füße gräulichgelb.

Vorkommen Im gesamten Gebiet mit Ausnahme von Nordwest-Namibia und der Nordhälfte von Transvaal. An flachen Süß- und Brackwasserseen, in Sümpfen, auch an Küstenlagunen und in der Gezeitenzone von Flußmündungen.

Wissenswertes Die Kaplöffelente lebt ziemlich gesellig. Die Nester mehrerer Paare liegen dicht beieinander am Boden, immer nahe am Wasser. Bei der Nahrungssuche schwingt die Art, auf dem Wasser schwimmend, wie alle Löffelentenarten den Schnabel an der Wasseroberfläche hin und her. Sie gründelt nur selten. Der Flug ist sehr reißend.

4 Gelbschnabelente Yellow-billed Duck *Anas undulata (Anatidae)*

L 51–58 cm

Merkmale Eine stockentengroße Gründelente, die von allen anderen afrikanischen Enten am dunkelgrauen Gefieder und am gelben Schnabel zu unterscheiden ist; im Flug mit weißlichen Unterflügeln und bläulichgrünem Spiegel mit weißen Kanten.

Vorkommen Im gesamten Gebiet mit Ausnahme von fast ganz Namibia, Südwest-Botswana und dem äußersten Nordosten von Transvaal. In Feuchtgebieten unterschiedlichster Art im Binnenland; meidet salzige Küstengewässer.

Wissenswertes Die Gelbschnabelente schließt sich zu großen Schwärmen zusammen, die sich bei Einsetzen des Regens auflösen. Die Art brütet fast zu jeder Jahreszeit, bevorzugt aber die örtlichen Regenzeiten.

Vögel

1 Sekretär Secretary Bird *Sagittarius serpentarius* (Sagittariidae)

L 100 cm

Merkmale Ein großer blaßgrauer Greifvogel mit langen Stelzbeinen, stark verlängerten mittleren Steuerfedern und einem Federschopf am Hinterkopf; Handschwingen und „Federhosen" schwarz; Gesicht nackt und orangegelb; Wachshaut grünlichgelb; Füße fleischfarben; Stimme: ein froschartiges Quarren bei der Balz, am Rastplatz miauende Rufe.

Vorkommen Im gesamten südlichen Afrika. In offenen Savannen, Busch- und Farmland.

Wissenswertes Seinen Namen verdankt der Sekretär vielleicht den langen Haubenfedern, die am Hinterkopf hervorragen wie der Federkiel hinter dem Ohr eines Büroangestellten. Für einen Greifvogel sieht er ungewöhnlich aus, daher wurde er früher systematisch in die Nähe der Trappen gestellt. Der Sekretär sucht seine Nahrung auf dem Boden. Dabei stampft er mit den Füßen auf Grasbüschel, um seine Beute herauszuscheuchen. Schlangen werden mit heftigen Fußtritten betäubt, ehe sie mit dem Schnabel gepackt und verschlungen werden. Bei Gefahr versucht er zunächst, zu Fuß zu entkommen, obwohl er ein guter Flieger ist.

2 Ohrengeier Lappet-faced Vulture *Torgos tracheliotus* (Accipitridae)

L 98–105 cm

Merkmale Ein sehr großer, dunkelbrauner Geier mit massigem Schnabel; Altvögel mit fleischroten Hautfalten am unbefiederten Kopf; Brust weißlich befiedert mit sichelartigen, dunklen Deckfedern; Füße grau.

Vorkommen In ganz Namibia, Botswana und Simbabwe; in Südafrika nur im Norden der Kapprovinz, im äußersten Westen, Norden und Osten von Transvaal sowie in Ostnatal. In Savannen, Steppen und Halbwüsten.

Wissenswertes Der Ohrengeier ist der größte afrikanische Geier. Er tritt meist einzeln oder paarweise auf, an Aas erscheinen jedoch größere Gruppen. Manchmal töten Ohrengeier kleine Säuger, vor allem junge Antilopen. Der mächtige Horst wird in der Regel auf Bäumen mit flachen Kronen (z.B. Schirmakazien) angelegt.

3 Kappengeier Hooded Vulture *Necrosyrtes monachus* (Accipitridae)

L 65–75 cm

Merkmale Ein kleiner, brauner Geier mit sehr dünnem Schnabel; Kopf nackt mit rötlich oder grünlichweißer Haut, die bei Erregung dunkel fleischrot anlaufen kann; Nacken und Hinterhals sind in Kappenform hell bedunt; Füße bläulich-fleischfarben; Schwanz kurz und abgerundet; im Jugendkleid ähnelt der Schmutzgeier dieser Art.

Vorkommen In Nordost-Namibia, Nordbotswana, Simbabwe und Osttransvaal. In Savannen und lichten Wäldern; fast nie in menschlichen Siedlungen.

Wissenswertes Die Nahrung des Kappengeiers besteht aus Aas, Abfällen, Reptilien und Insekten. Oft frißt er auch den Kot von großen Raubsäugern. Kappengeier sind geselliger als Ohrengeier, treten aber nie in so großen Trupps auf wie Weißrückengeier. Sie legen ihr Nest in Baumkronen an und nicht – wie die großen Geier – auf der Krone. Die Brutdauer beträgt etwa 46 Tage.

4 Weißrückengeier White-backed Vulture *Gyps africanus* (Accipitridae)

L 90–98 cm

Merkmale Ein blaßgrauer bis beigebrauner Geier mit weißem Bürzel und Unterrücken und einer Halskrause aus weißlichen Dunen; Jungvögel sind dunkelbraun mit kräftiger Längsstreifung auf der Unterseite; Schnabel immer dunkel; Iris dunkelbraun.

Vorkommen In Namibia mit Ausnahme des äußersten Südwestens, in Botswana und Simbabwe sowie in der nördlichen Kapprovinz, Nord- und Osttransvaal und Ostnatal. In Savannen und Steppen.

Wissenswertes Der Weißrückengeier ist in wildreichen Arealen der häufigste Geier des Gebietes. Der selten gewordene **Kapgeier** sieht ihm sehr ähnlich, ist aber größer, insgesamt fahler gefärbt und hat eine hellgelbe Iris.

1 Bartgeier Bearded Vulture (Lammergeier) *Gypaëtus barbatus (Accipitridae)*

L 1,10–1,15 m
Merkmale Oberseite schwarzbraun mit weißlichem Kopf; unterseits rostfarben, gelblich oder weißlich; eine schwarze Gesichtsmaske und ein aus Borstenfedern am Schnabelgrund gebildeter „Bart" sind charakteristisch; Befiederung der Beine als „Schenkelhosen" stark entwickelt; Jungvögel schwarzbraun mit graubrauner Unterseite.
Vorkommen Stark bedroht; nur 200 Paare in den Hochlagen der Drakensberge.

Wissenswertes Nach der Mauser sind die Federn auf der Unterseite des Bartgeiers zunächst weiß. Die gelbe oder rostige Farbe stammt von einem Farbstoff, einer Mischung aus Eisenoxid mit Spuren von Quarz. Dieser Farbstoff kommt in den Höhenlagen, die die Bartgeier besiedeln, an den Ruhe- und Brutplätzen der Vögel vor und färbt in feuchtem Zustand stark ab. Es wird berichtet, daß Bartgeier Stellen mit diesem Farbstoff sogar aktiv aufsuchen.

2 Schmutzgeier Egyptian Vulture *Nephron percnopterus (Accipitridae)*

L 64–73 cm
Merkmale Ein kleiner, schmutzig weißer Geier mit schwarzen Handschwingen und weißem, stark keilförmigem Schwanz; Gesicht nackt und dunkelgelb; Schnabel dünn und schwarz; Jungvögel braun und ähnlich einem **Kappengeier**, von diesem durch den keilförmigen Schwanz unterschieden.
Vorkommen In Nordwest-Namibia und Simbabwe sowie in Osttransvaal und -natal; sehr selten. In Savannen, Steppen und Halbwüsten.

Wissenswertes Der Schmutzgeier ist eine der wenigen Vogelarten, die Werkzeuge gebrauchen: Er schlägt mit schweren Steinen auf Straußeneier ein, um sie zu zerschlagen. Gewöhnlich ernährt sich der Schmutzgeier von Aas, Fleischresten und Abfällen. Er macht jedoch auch aktiv Jagd auf kleine Beutetiere wie Ziesel, Frösche, Eidechsen und Schlangen. In Notzeiten fressen Schmutzgeier auch Exkremente und in Aasnähe angeblich sogar blutgetränkte Erde. Sie nehmen auch pflanzliche Nahrung wie Datteln zu sich.

3 Schwarzmilan Black Kite *Milvus migrans (Accipitridae)*

L 53–58 cm
Merkmale Gefieder überwiegend braun oder rostbraun, unterseits ein wenig rötlicher; langer, deutlich gegabelter Schwanz und lange Flügel; die südafrikanische Rasse des Schwarzmilans, der **Schmarotzermilan** (*Milvus m. parasiticus*), hat einen gelben Schnabel, der Kopf ist – anders als beim europäischen Schwarzmilan – wie der übrige Körper gefärbt; Stimme: ein hoher, abfallender, wiehernder Triller, sehr ruffreudig.

Vorkommen Der Schwarzmilan erscheint in geringer Zahl nur als Wintergast im südlichen Afrika; der Schmarotzermilan brütet im gesamten Gebiet. Abgesehen von Wüstengebieten fast überall anzutreffen, auch in Städten, häufig an Müllhalden.
Wissenswertes Die Nahrung des Schwarzmilans besteht aus Mäusen, Ratten, Eidechsen, Fröschen, Fischen und oft auch aus Heuschrecken, vor allem aber aus Aas und Abfällen.

4 Gleitaar Black-shouldered Kite *Eleanus caeruleus (Accipitridae)*

L 30–33 cm
Merkmale Untersetzte Gestalt; Oberseite blaßgrau, Unterseite weiß; Schultern schwarz; Schwanz kurz, weiß und leicht gegabelt; Schnabel schwarz; Wachshaut und Füße gelb; Jungvögel oberseits dunkler mit weißen Federspitzen, unterseits mit rostbraunen Flecken auf der Brust; rüttelt häufig nach Turmfalkenart; Stimme: ein selten zu hörendes hohes Pfeifen.

Vorkommen Im gesamten Gebiet. In Baum- und Buschsavannen und in Kulturland.
Wissenswertes Der Gleitaar sitzt gerne auf Baumspitzen und Telegraphenmasten. Er baut ein schlichtes Nest in Büschen und Bäumen, nimmt aber häufig auch verlassene Horste anderer Vögel an. Die Nahrung des Gleitaars besteht aus Insekten, Reptilien und vor allem aus Mäusen.

1 Raubadler Tawny Eagle *Aquila rapax* (Accipitridae)

L 65–75 cm

Merkmale Ein überwiegend brauner Adler mit relativ kurzem abgerundeten Schwanz; die Farbe variiert von dunkelbraun bis blaßbraun; Jungvögel heller, fast cremefarben; Iris gelblich; Schnabel braun mit schwarzer Spitze; Beine bis zu den Zehen befiedert; der als Wintergast im Gebiet erscheinende asiatische **Steppenadler** ist dunkler braun mit rötlichem Nackenfleck, brauner Iris und schwarzem Schnabel; er wird meist als Unterart des Raubadlers aufgefaßt; Stimme: ein heiseres gellendes „kjah".

Vorkommen Im gesamten südlichen Afrika bis auf einen Streifen von Südnamibia über die südliche Kapprovinz bis Natal. In Savannen, offenem Gelände und Kulturland, auch im Gebirge.

Wissenswertes Der Raubadler brütet mit Vorliebe in den Kronen von Akazien. Von zwei ausschlüpfenden Jungen überlebt in der Regel nur eines. Der Raubadler frißt Reptilien, Vögel, kleine Säugetiere bis zu Hasengröße und Aas. Nicht selten schmarotzt er beim Kampfadler. Er jagt von einer erhöhten Sitzwarte aus und kreist gerne in Aufwinden.

2 Kampfadler Martial Eagle *Polemaëtus bellicosus* (Accipitridae)

L 75–90 cm

Merkmale Ein sehr großer Adler, der kraftvoll und reißend fliegt; Oberseite braungrau mit schwärzlicher Vorderbrust; Unterseite weiß mit kleinen dunklen Flecken; Iris gelb; runder Schopf; Flügel lang, Schwung- und Schwanzfedern gebändert; Jungvögel unterseits rein weiß und mit brauner Iris; Altvögel können mit dem kleineren Schwarzbrustschlangenadler verwechselt werden, der aber auf der Unterseite ungefleckt ist; Stimme: ein kurzes gedämpftes Bellen, ruft selten.

Vorkommen Im gesamten Gebiet außer in Lesotho. In Halbwüsten, Busch- und Baumsavannen; überall selten, am häufigsten in wildreichen Gegenden.

Wissenswertes Der Kampfadler sitzt auf der Spitze hoher Bäume. Seine Beute besteht aus größeren Bodenvögeln wie Trappen, Perlhühnern und Frankolinen sowie aus Säugern bis zu Antilopengröße.

3 Kaffernadler Black Eagle *Aquila verreauxi* (Accipitridae)

L 75–85 cm

Merkmale Ein großer, schwarzer Adler mit einem weißen V auf dem Rücken und mit weißem Bürzel; im Flug unterseits mit weißlichem Fleck auf den Handschwingen; Flügel zum Körper hin verschmälert; Jungvögel schwarz mit braunen Federenden; Stimme: in Horstnähe oft ein gellender Schrei.

Vorkommen Im gesamten Gebiet mit Ausnahme von Ostnamibia und Botswana; überall selten. Auf hohen Felsen und Klippen, meist im Gebirge.

Wissenswertes Der Kaffernadler segelt ausdauernd im Aufwind über Bergen. Er überrascht seine Beute in schnellem Jagdflug entlang von Felsen. Seine Nahrung besteht in manchen Teilen des Verbreitungsgebietes überwiegend aus Klippschliefern. Daneben jagt er Hasen, kleine Antilopen und größere Bodenvögel.

4 Afrikanischer Habichtsadler
African Hawk Eagle *Hieraaëtus fasciatus spilogaster* (Accipitridae)

L 60–70 cm

Merkmale Oberseite schwarz, Unterseite weiß mit schmalen, schwarzen Streifen an Kehle und Brust; Jungvögel sind oberseits bräunlich und unterseits ungefleckt rostbraun; Iris gelbbraun; Beine befiedert; im Flug Unterseite der Handschwingen auffallend hell; Stimme: ein lauter gellender Schrei und ein zwei- bis dreisilbiger Pfiff.

Vorkommen In Nordost-Namibia, Nordbotswana, Simbabwe und Nordtransvaal; überall selten. In Wäldern und Baumsteppen, nicht in offenem Gelände.

Wissenswertes Der Afrikanische Habichtsadler jagt in reißendem Flug aus der Deckung heraus. Die Nahrung besteht vor allem aus Säugetieren bis zu Affengröße und aus am Boden lebenden Vögeln.

Vögel

1 Schreiseeadler African Fish Eagle *Haliaeëtus vocifer* (Accipitridae)

L 65–75 cm

Merkmale Ein auffällig gefärbter Seeadler mit unbefiederten Füßen; Kopf, Brust, Rücken und Schwanz weiß; Bauch und Schultern rötlich kastanienbraun; Flügel schwarz; Iris, Wachshaut und Beine gelb; Stimme: ein möwenartig jauchzender, weit tragender, wohlklingender Schrei („Kjiu-kjiu-kiukiukiu"), am Schluß abfallend.

Vorkommen Im gesamten Gebiet mit Ausnahme der Namib-Wüste, der Zentralkalahari und der südwestlichen Kapprovinz. An der Küste und im Binnenland in der Nähe größerer Gewässer.

Wissenswertes Der Schreiseeadler wird wegen seiner melodischen Rufe die „Stimme Afrikas" genannt. Seine Nahrung besteht überwiegend aus lebenden oder toten Fischen, aber auch aus Vögeln und Nagetieren. In der Brutzeit beziehen die Paare Reviere am Ufer von Flüssen und Seen, die durch Rufe, Schauflüge und zur Not auch durch Angriffe gegen Artgenossen verteidigt werden.

2 Schwarzbrustschlangenadler
Black-breasted Snake Eagle *Circaëtus pectoralis* (Accipitridae)

L 63–68 cm

Merkmale Ein mittelgroßer Adler mit eulenartig dickem Kopf und unbefiederten Füßen; Oberseite und Brust grauschwarz; Bauch weiß; Schwanz mit drei weißen Querbändern und heller Spitze; Schnabel schwarz; Beine blauweiß; vom Kampfadler durch die ungefleckte Unterseite unterschieden; Stimme: manchmal ein mehrsilbiger Schrei ähnlich dem des Schreiseeadlers.

Vorkommen Im gesamten Gebiet mit Ausnahme eines breiten Streifens entlang der Küste von Nordwest-Namibia bis Natal. In offenen Baumsavannen, Parklandschaften, Kulturland und Buschgelände in Halbwüsten.

Wissenswertes Der Schwarzbrustschlangenadler ist angeblich eine Unterart des **Schlangenadlers** *(Circaëtus gallicus)*, der auch in Südeuropa lebt. Er ernährt sich überwiegend von Schlangen, gegen deren Gift er nicht gefeit ist. Er faßt sie mit dem Fang und schneidet ihnen den Kopf ab. Auch andere Reptilien sowie Frösche, Vögel und kleine Säuger stehen auf seinem Speiseplan.

3 Gaukler Bateleur *Theratopius ecaudatus* (Accipitridae)

L 55–70 cm

Merkmale Ein mittelgroßer, überwiegend schwarz gefärbter Adler; Rücken, Seiten und Schwanz kastanienbraun; Gesicht und Füße rot; vor allem im Flug leicht an seinem außerordentlich kurzen Schwanz (10 cm) zu erkennen; die weiße Flügelunterseite hebt sich kontrastreich vom schwarzen Körper ab; Hinterrand der Flügelunterseite schwarz, beim Männchen breit, beim Weibchen schmaler; Jungvögel vollständig dunkelbraun.

Vorkommen In Nordost-Namibia, Botswana, Simbabwe und Osttransvaal (Krüger-Nationalpark). In Halbwüsten und Akaziensteppen.

Wissenswertes Gaukler ist die Übersetzung des französischen Wortes „bateleur". Die Flugkünste des Vogels – Seitenrollen, Purzelbäume und ein ständiges Hin- und Herschaukeln – erinnern an die Kunststücke eines Zirkusartisten, eben eines Gauklers. Der Vogel kann sogar die Flügel zusammenschlagen und dabei klatschende Laute erzeugen.

4 Weißbürzel-Singhabicht Pale Chanting Goshawk *Melierax canorus* (Accipitridae)

L 46–63 cm

Merkmale Ein hellgrauer Habicht mit schmaler Sperberung des Bauches; Kopf, Hals und Brust grau; Beine und Schnabelwurzel auffällig orangerot; weißer Bürzel; Stimme: beim gleitenden Balzflug ein mehrsilbiger klarer Pfiff, zum Ende schneller werdend.

Vorkommen In Namibia, Südbotswana, Westtransvaal und der Kapprovinz. In Trockensavannen und Halbwüsten.

Wissenswertes Singhabichte folgen oft in kleinen Trupps bis zu sechs Tieren dem Honigdachs, um von diesem aufgescheuchte Nagetiere zu fangen.

Vögel

1 Wiesenweihe Montagu's Harrier *Circus pygargus* (Accipitridae)

L 40–47 cm

Merkmale Ein langschwänziger und langflügeliger Greifvogel; fliegt, nach Nahrung suchend, in kraftlos wirkendem „Schaukelflug" knapp über dem Boden; Männchen oberseits blaugrau mit einer schmalen schwarzbraunen Flügelbinde, am Bauch braun gestreift; Weibchen braun mit auffällig weißem Bürzel und gestreifter Unterseite; Jungvogel wie Weibchen, aber ohne Streifen; Weibchen und Jungvogel im Feld nicht von der **Steppenweihe** zu unterscheiden; dem Männchen der Steppenweihe fehlen die schwarze Flügelbinde und die braunen Streifen an der Unterseite; Stimme: turmfalkenartig „kiek-kiek-kiek".

Vorkommen Wintergast aus Eurasien; im Gebiet überall außer in einem breiten Gürtel in Westnamibia und der westlichen Kapprovinz. In offenem Gelände, mit Vorliebe in Feuchtgebieten, aber auch in Baum- und Grassavannen.

2 Fischadler Osprey *Pandion haliaëtus* (Accipitridae)

L 55–58 cm

Merkmale Ein Greifvogel mit schwarzbrauner Oberseite und weißer Unterseite; weißlicher Kopf mit leichtem Schopf und deutlichem Augenstreif; im Flug möwenartig mit langen, schlanken Flügeln, die einen typischen Winkel bilden; charakteristischer schwarzer Fleck am Flügelbug auf der Flügelunterseite; Stimme: gelegentlich ein kurzer Pfeifton.

Vorkommen Wintergast aus der nördlichen Hemisphäre; im Norden, Osten und Süden des Gebietes. Nur in Wassernähe.

Wissenswertes: Der Fischadler frißt nur Fische bis zu 300 g Gewicht, die er durch Stoßtauchen erbeutet. Er ist in vollkommener Weise an dieses Fangverhalten angepaßt. Die Schenkelbefiederung ist nur kurz, die Fußunterseite ist rauh und stachelig und bestens zum Festhalten der Beute geeignet. Die Krallen sind lang und stark gebogen, die Außenzehe kann zum Greifen nach hinten gewendet werden. Hat er einen Fisch erspäht, rüttelt er kurz über der Stelle und stürzt dann mit ausgestreckten Füßen ins Wasser.

3 Lannerfalke Lanner Falcon *Falco biarmicus* (Accipitridae)

L 35–45 cm

Merkmale Ähnlich einem blaß gefärbten Wanderfalken, aber größer; mit rostfarbenem Oberkopf und Nacken; Unterseite weiß bis weißlich-ockerfarben mit wenigen schwarzen Flecken; Stimme: ein schrilles „kree-kree-kree".

Vorkommen Im gesamten Gebiet. Im Gebirge oder in offenem Gelände von Halbwüsten bis zu Waldland; auch in Städten.

Wissenswertes Paare jagen oft gemeinschaftlich: Dabei schreckt das voranfliegende Weibchen Beutevögel auf, und das etwas höher fliegende Männchen führt den ersten Angriffsflug aus. Abwechselnd bringen beide den gejagten Vogel in Bedrängnis, bis sie ihn schließlich erbeuten. Der Lannerfalke frißt auch kleine Insekten, Eidechsen und Säuger. Er brütet in steilen Felswänden, mitunter auch in Baumnestern.

4 Steppenfalke Greater Kestrel *Falco rupicoloides* (Accipitridae)

L 36–40 cm

Merkmale Einem weiblichen Turmfalken ähnlich, aber etwas größer und von diesem durch einen dunkelgrauen, quergebänderten Schwanz unterschieden; von nahem ist die weiße Iris ein gutes Erkennungszeichen; Wachshaut und Füße gelb.

Vorkommen Im gesamten Gebiet außer im äußersten Osten und Süden. In offenen Landschaften und Baumsavannen.

Wissenswertes Im Gegensatz zum Turmfalken rüttelt der Steppenfalke selten. Er sitzt meist einzeln oder paarweise auf der Spitze von Büschen und Bäumen und macht von dort aus Jagd auf Mäuse, kleine Vögel und vor allem Insekten. Der Steppenfalke nistet in Baumhöhlen und verlassenen Nestern größerer Vögel. Das Gelege besteht aus drei bis vier Eiern. Das Männchen jagt zur Brutzeit allein.

Vögel

1 Rotschnabelfrankolin Red-billed Francolin *Francolinus adspersus* (Phasianidae)

L 33–38 cm
Merkmale Ein mittelgroßer Frankolin; am ganzen Körper fein gesperbert; Schnabel und Füße rot; ein auffälliger gelber Augenring ist arttypisch; Jungvögel sind braun gefärbt mit bräunlichen Füßen, bräunlichem Schnabel und ohne gelben Augenring; Stimme: ein harsches Krähen, das immer schneller wird und sich zu einem Crescendo steigert „Tschak, tschak, tschak, tschak, katschakitti-tschak, katscha-kitti-tschak", abrupt endend.
Vorkommen In Nordnamibia und -botswana und in Westsimbabwe. In trockenem Buschland, Waldrändern und Dornbüschen an Flüssen; gern in Wassernähe.

2 Swainsonfrankolin Swainson's Francolin *Francolinus swainsonii* (Phasianidae)

L 33–38 cm
Merkmale Ein mittelgroßer Frankolin; ober- und unterseits graubraun, längsgestreift; Oberschnabel schwarz, Unterschnabel rot; Gesicht und Kehle rot und unbefiedert; Füße schwarz; Stimme: ein sehr lautes, grelles Krähen „Krah-krah-krah", sechs- bis siebenmal wiederholt.
Vorkommen In Nordwest-Namibia, Botswana, Simbabwe, Transvaal, Ostlesotho und Nordnatal. In Buschland, an Waldrändern, in Grassteppen und Kulturland.

3 Coquifrankolin Coqui Francolin *Francolinus coqui* (Phasianidae)

L 25–28 cm
Merkmale Ein rebhuhngroßer Hühnervogel mit heller, kräftig schwarz gestreifter Unterseite; Kopf, Kehle und oberer Hals beim Männchen auffällig gelblich-kastanienbraun; Weibchen mit rötlichbrauner Brust, weißem Überaugenstreif und weißer, schwarz eingefaßter Kehle; Schnabel schwärzlich, an der Basis gelb; Beine schmutziggelb; Stimme: ein häufig wiederholtes schrilles „Qui-kitt", auch als „co-qui" interpretiert.
Vorkommen In Nordost-Namibia, Nordost-Botswana, Simbabwe, Transvaal und Natal. In Baum- und Buschsavannen, auch in Grassteppen mit einzelnen Bäumen.
Wissenswertes Außerhalb der Brutzeit erscheint der Coquifrankolin in „Ketten" (5–20 Tiere). Zur Brutzeit von Oktober bis März, legt das Weibchen eine Bodenmulde von 10–12 cm Durchmesser an, die mit Gras und Blättern ausgelegt wird. Das Gelege zählt meist drei bis acht Eier.

4 Kräuselhaubenperlhuhn Crested Guinea-Fowl *Gutteria pucherani* (Phasianidae)

L 45–50 cm
Merkmale Ein eher kleines Perlhuhn mit überwiegend schwarzem, weiß gepunktetem Gefieder; Hals und Gesicht nackt, schwarzblau und um das Auge rot; auf dem Scheitel ein Schopf aus gekräuselten schwarzen Federn; Stimme: ein weiches Glucksen und bei Alarm „Tschurr-tiuck, tiuck, tiuck".
Vorkommen Nur in Nordsimbabwe und Ostnatal, z.B. bei Parfuri im Krüger-Nationalpark. In feuchten Wäldern mit Unterholz in der Ebene.
Wissenswertes Die südafrikanischen Kräuselhaubenperlhühner gehören der Unterart *Gutteria p. edouardi* an, die manchmal als eigene Art aufgefaßt wird.

5 Helmperlhuhn Helmeted Guinea-Fowl *Numida meleagris* (Phasianidae)

L 50–55 cm
Merkmale Ein großes schwarzgraues Perlhuhn, am ganzen Körper weiß gepunktet; Kopf und Hals spärlich befiedert; knöchernes Horn auf dem Scheitel; blaue und rote lappenartige Anhängsel am Schnabelgrund; Stimme: ein lautes Gackern.
Vorkommen Im gesamten Gebiet außer der Namib-Wüste. In Baum- und Buschsavannen, Steppen und Halbwüsten.
Wissenswertes Das Helmperlhuhn lebt in über 20 Unterarten von Somalia bis Südafrika. Die Vögel treten paarweise oder in größeren Trupps auf. Bei Gefahr flüchten sie zu Fuß, ehe sie – nur in höchster Not – auffliegen. Sie übernachten auf Bäumen.

Vögel

1 Kronenkranich Crowned Crane *Balearica regulorum* (Gruidae)

L 1–1,05 m

Merkmale Unverwechselbar durch die auffällige strohfarbene „Federkrone"; Oberseite schiefergrau, Hals und Unterseite ein wenig heller; Flügeldecken gelblichweiß, Handschwingen schwarz, Armschwingen rotbraun; ein samtartiger Federwulst auf dem Kopf und an der Kehle; Gesicht nackt und weiß, Hautlappen an der Kehle rot; Iris grau; Schnabel und Beine schwarz; Stimme: ein zweisilbiges nasales „mehem", zweite Silbe lauter und höher.

Vorkommen Im Gebiet in Nordnamibia, -botswana und -simbabwe, in Südtransvaal, Westnatal sowie im östlichen Zipfel der Kapprovinz. In Sumpfgebieten, Marschland, Baumsavannen und Kulturland.

Wissenswertes Oft fallen Kronenkraniche von weitem durch ihre Tänze mit ausgebreiteten Flügeln auf. Sie leben meist paarweise oder im Familienverband und suchen ihre Nahrung beim Umherschreiten in niedriger Vegetation. Zuweilen trampeln sie auf den Boden, um Beutetiere aufzuscheuchen. Sie fressen Insekten, Reptilien und pflanzliche Kost. Auf Feldern nehmen sie auch Getreidekörner zu sich. Das Nest wird meist in sumpfigem Gelände angelegt und besteht aus zusammengezogener Vegetation und gesammelten Pflanzenhalmen. Baumnester sind selten. Die zwei bis drei bläulich- bis grünlichweißen Eier werden von beiden Elternteilen bebrütet. Die Brutdauer beträgt ca. 30 Tage.

2 Klunkerkranich Wattled Crane *Grus carunculatus* (Gruidae)

L 1,25 m

Merkmale Ein sehr großer Kranich mit weißem Hals, grauem Rücken, grauen Flügeldecken, schwarzem Bauch und zwei befiederten Lappen an der Kehle; Gesicht zwischen Augen und Schnabelgrund nackt mit roten Warzen; Scheitel grau, beim Männchen größer; Schnabel rötlichbraun; Iris orangefarben; Beine und Zehen schwarz; Jungvögel mit kleineren „Klunkern" am Schnabel und weißem Scheitel; Stimme: ein läutendes „kronk" und verschiedene Schnatterlaute bei der Nahrungssuche.

Vorkommen Sehr lückenhaft im südlichen Afrika; in Nordost-Namibia, Nordbotswana und -simbabwe sowie in einem Streifen von Südtransvaal über Westnatal bis zum äußersten Osten der Kapprovinz. In Sumpfgelände und Savannen in der Nähe von Gewässern und Sümpfen.

Wissenswertes Wie der Kronenkranich vollführt auch der Klunkerkranich auffällige Tänze. Er lebt paarweise oder, außerhalb der Brutzeit, auch in kleinen Trupps. Bei der Nahrungssuche watet er häufig in flachem Wasser. Der Vogel ist überaus scheu, fliegt aber bei Gefahr nur ungern auf, sondern entfernt sich langsam zu Fuß. Das Nest wird meist auf Inseln im Sumpf angelegt. Es ist ein großer Haufen aus Pflanzenteilen; das Gelege besteht aus ein bis zwei sandfarbenen, dunkelbraun gefleckten Eiern.

3 Paradieskranich Blue Crane *Anthropoides paradisea* (Gruidae)

L 1,05 m

Merkmale Ein bläulichgrauer Kranich mit weißer Stirn und weißem Scheitel sowie stark verlängerten, schweifähnlichen Schmuckfedern; Kopf auffällig dick wirkend; Iris braun; Schnabel rosabraun; Beine und Füße schwarz; Jungvögel ohne Schmuckfedern und mit brauner Kopfplatte; Stimme: ein lautes, gutturales Krächzen.

Vorkommen Auf das südliche Afrika beschränkt; in Südtransvaal, im Oranje-Freistaat, in Lesotho, Westnatal und im gesamten Südosten der Kapprovinz. In offenem Gelände in Feucht- und Trockengebieten.

Wissenswertes Außerhalb der Brutzeit lebt der Paradieskranich in Trupps bis zu 40 Vögeln. Er watet bei der Nahrungssuche in flachem Wasser. Auf seinem Speiseplan stehen Heuschrecken und andere größere Insekten, Fische, Frösche, kleine Reptilien und pflanzliche Kost. Das Gelege besteht aus meist zwei Eiern, die in eine Mulde im Boden abgelegt werden. Sie sind bräunlich mit olivbraunen Flecken. Die Brutdauer beträgt etwa 30 Tage. Beide Eltern brüten, hauptsächlich aber das Weibchen. Die Jungen werden zunächst nur mit Kleintieren gefüttert. Die Brutperiode dauert von Oktober bis Februar.

Vögel

1 Teichhuhn Moorhen *Gallinula chloropus* (Rallidae)

L 30–35 cm

Merkmale Eine mittelgroße, überall dunkel schiefergraue Ralle mit weißen Flankenstreifen und weißem Unterschwanz; Iris rot; rotes Schnabelschild und rotgelber Schnabel mit grüngelber Spitze; Beine und Füße grüngelb mit schmalem, rotem Band dort, wo die Beine ins Bauchgefieder übergehen; Jungvögel sind blasser und brauner als die Altvögel; Stimme: krächzend „krrruk" oder hell „killik".

Vorkommen Im südlichen Afrika mit Ausnahme der Zentralkalahari. In Sümpfen, Marschland, an Seen, Teichen und Flüssen.

Wissenswertes Das Teichhuhn bewegt sich geschickt in der Vegetation entlang von Gewässern. Es schwimmt gut mit ruckartig vor- und zurückschwingendem Kopf. Es hat keine Schwimmlappen an den Zehen wie das Bläßhuhn, sondern nur schmale Fransensäume. Teichhühner fliegen schwerfällig mit hängenden Beinen nur über kurze Distanzen.

2 Purpurhuhn Purple Gallinule *Porphyrio porphyrio* (Rallidae)

L 45 cm

Merkmale Eine überwiegend tiefblau gefärbte Ralle mit grünlichem Rücken; Schnabel und Stirnschild leuchtend rot; Iris, Beine und Füße dunkelrot; Jungvögel dunkel blaugrau mit hornfarbenen Beinen; Stimme: verschiedene grunzende, gackernde, krächzende und kreischende Rufe.

Vorkommen Im gesamten Gebiet mit Ausnahme der Südnamib und der Zentralkalahari. In Sümpfen, Schilfbeständen, vor allem in Seerosenbeständen; klettert mit den langen Zehen im Ried und in Seggen.

Wissenswertes Das Purpurhuhn ist ein scheuer Vogel, der sich meist in dichter Vegetation verbirgt. Es läuft mit gestelzten Schritten und hoch erhobenem, wippendem Schwanz. Purpurhühner verstehen es geschickt, Nahrungsteile mit den Füßen zum Schnabel zu führen.

3 Kammbläßhuhn Red-knobbed Coot *Fulica cristata* (Rallidae)

L 40–43 cm

Merkmale Eine große, untersetzte, schieferschwarze Ralle mit weißem Schnabel und weißem Stirnschild; am oberen Ende des Stirnschildes zwei kennzeichnende kleine, rote Vorwölbungen; Iris im Brutkleid rot, sonst rotbraun; Beine und Füße im Brutkleid olivgrün, sonst schieferfarben; guter Schwimmer, schlechter Flieger; Stimme: ein heiseres, tiefes „Quoark".

Vorkommen Im gesamten Gebiet bis auf die äußersten Streifen von Nordost-Namibia, -botswana und Transvaal; in Simbabwe nur im Zentrum des Landes. In Sümpfen, an Seen sowie an langsam fließenden Flüssen mit reichlich Wasserpflanzen und Ried- oder Papyrusgürteln.

Wissenswertes Das Kammbläßhuhn sucht seine Nahrung in der Regel von der Wasseroberfläche aus. Es schwimmt, hoch im Wasser liegend, mit ruckartigen Vor- und Rückwärtsbewegungen des Kopfes. Regelmäßig taucht es zur Nahrungssuche unter. Es frißt Wasserpflanzen, Gras, Pflanzensamen und gelegentlich auch Insekten. Das große Nest befindet sich meist in der Ufervegetation. Es enthält drei bis sieben hellbraune oder graue, rotbraun gepunktete Eier.

4 Mohrenralle Black Crake *Limnocorax flavirostra* (Rallidae)

L 19–23 cm

Merkmale Eine kleine, drosselgroße Ralle; Gefieder einfarbig schieferschwarz; Schnabel leuchtend zitronengelb; Beine und Füße rot; Jungvögel mit schwarzen Füßen; Stimme: ein schrilles, trillerndes Schnarren mit einem Krächzen als Abschluß.

Vorkommen Im Gebiet fehlt die Art nur in West- und Südnamibia, Südbotswana und fast der gesamten Kapprovinz mit Ausnahme eines Streifens entlang der Südküste. An Gewässern mit reichlich Uferbewuchs.

Wissenswertes Die Mohrenralle ist gewöhnlich zutraulicher als andere Rallen. Die fast im gleichen Verbreitungsgebiet lebende **Kap-Ralle** (*Rallus caerulescens*) ist sehr scheu. Sie hat einen langen roten Schnabel und schwarzweiß gebänderte Flanken.

Vögel

1 Schwarzbauchtrappe Black-bellied Bustard *Eupodotis melanogaster* (Otididae)

L 58–65 cm

Merkmale Eine mittelgroße, oberseits braun und schwarz marmorierte Trappe; Unterseite und Vorderhals beim Männchen schwarz, die weißen Überaugenstreifen bilden im Nacken ein V; Weibchen einheitlich gelbbraun; Schnabel schwärzlich mit gelben Seiten; Beine stumpfgelb; Stimme: ein weiches Pfeifen und ein bellendes „muuark".

Vorkommen Im Caprivi-Streifen, in Nordost-Botswana, Ostnatal und Swasiland. Besonders häufig in Baum- und Buschsavannen.

Wissenswertes Die Schwarzbauchtrappe duckt sich bei Gefahr und fliegt nur ungern auf. Wie viele Trappenarten zeigt sie einen auffälligen Balzflug, bei dem die schwarzweiße Flügelzeichnung sichtbar wird.

2 Riesentrappe Kori Bustard *Ardeotis kori* (Otididae)

L 1,05–1,50 m

Merkmale Die größte aller afrikanischen Trappen; Männchen deutlich größer als Weibchen; Färbung graubraun mit schwarzem Scheitel und braunem Schopf; Hals weiß und graubraun gesprenkelt; Flügeldecken hell gefleckt; Stimme: ein dreisilbiges „Kao-kao-kao".

Vorkommen Im gesamten Gebiet mit Ausnahme von Westtransvaal, Natal und eines Streifens entlang der Südküste der Kapprovinz. In Savannen mit lockerer Buschvegetation bis hin zu Halbwüsten.

Wissenswertes Das Männchen der Riesentrappe ist einer der schwersten flugfähigen Vögel und kann bis zu 20 kg wiegen. Bei der Balz steht der Riesentrappenhahn still mit hängenden Flügeln, aufgefächertem Schwanz und abgespreizten Halsfedern. Der dehnbare Schlund wird mit Luft gefüllt und dient als Resonanzboden für die „brüllenden" Balzrufe des Vogels.

3 Gackeltrappe Black Korhaan *Eupodotis cafra* (Otididae)

L 48–53 cm

Merkmale Eine mittelgroße Trappe; Männchen mit schwarzem Kopf und Hals und schwarzer Unterseite; Wangen weiß; Rücken sehr fein bräunlichweiß marmoriert; Weibchen ebenfalls mit schwarzer Unterseite, aber heller Brust; Iris braun; gelber Augenring; Schnabel orangerot mit gelber Spitze; Beine leuchtend gelb; Stimme: „kraaak-kraaaak", zum Ende lauter werdend, im Balzflug „kra-krak-krrraka-krakraka-krakakraka".

Vorkommen In Namibia und im Westteil Südafrikas. In offenen Landschaften von Baumsavannen bis zu Sanddünen.

Wissenswertes Die Männchen sind äußerst ruffreudig. Sie lassen ihre durchdringende, „gackelnde" Stimme zu allen Tages- und Jahreszeiten ertönen. Die Weibchen hingegen sind meist stumm. Während der Brutzeit steigen die Männchen zu auffälligen Balzflügen auf und kehren schreiend zur Erde zurück. Wegen der Stimme werden die Tiere in Südafrika auch „Korhaan" genannt.

4 Stanleytrappe Denham's Bustard *Neotis denhami* (Otididae)

L 80–110 cm

Merkmale Eine große Trappe, aber deutlich kleiner als die Riesentrappe; oberseits braun mit rotbraunem Hinterhals und Vorderrücken; Vorderhals beim Männchen blaugrau, beim Weibchen bräunlich marmoriert; schwarzweiße Felder auf den Flügeln; Scheitel schwarz; weißer Überaugenstreif; Iris braun; Schnabel dunkel; Beine und Füße gelblichweiß; Stimme: ein bellendes „kaa-kaa", vor dem Abfliegen ein gluckendes „tschuck".

Vorkommen In einem breiten Streifen im Osten von Nordnamibia über Nordost-Botswana, Transvaal, Lesotho bis zur Kapprovinz. In Grassteppen und Savannen.

Wissenswertes Die **Ludwigtrappe** (*Neotis ludwigi*) vertritt die Stanleytrappe im Westteil des Gebietes. Sie ist sehr ähnlich gefärbt, doch sind die Flügeldecken nicht – wie bei der Stanleytrappe – schwarzweiß, sondern braunweiß. Der Vorderhals ist braun, der Scheitel braunschwarz, das Gesicht hell, ein Überaugenstreif fehlt.

Vögel

1 Blaustirnblatthühnchen African Jacana *Actophilornis africanus (Jacanidae)*

L 28–31 cm

Merkmale Ein leuchtend kastanienbrauner Wasservogel mit bläulichem Schnabel und Stirnschild; Kehle und Vorderhals weiß, in einen gelben Fleck an der Brust übergehend; Hinterhals schwarz; Beine und Zehen extrem lang und schiefergrau; Stimme: eine Reihe kurzer heller Rufe.

Vorkommen Im nordöstlichen Namibia mit Caprivi-Streifen, Botswana und Transvaal sowie in Swaziland und Ostnatal; ein isoliertes Vorkommen um Swakopmund und die Walvis Bay. An Seen und Tümpeln.

Wissenswertes Mit ihren riesigen Füßen können die Blatthühnchen problemlos auf den Blättern von See- oder Teichrosen umherlaufen und nach Nahrung suchen. Sie fressen vorwiegend Wasserinsekten und kleine Fische, zuweilen auch Samen von Wasserpflanzen. Das kleine, flache Nest aus Wasserpflanzen wird zwischen Schilf- oder Binsenhalmen angelegt. Das Gelege besteht meist aus vier hellbraunen, stark glänzenden Eiern. Im Fluge erinnern Blaustirnblatthühnchen durch die baumelnden Beine eher an Teichhühner als an Limikolen.

2 Schwarzer Austernfischer Black Oystercatcher *Haematopus moquini (Haematopodidae)*

L 42–45 cm

Merkmale Ein völlig schwarzer Austernfischer mit roten Augen und rotem Schnabel mit orangefarbener Spitze; Beine und Füße purpurrosa; Jungvögel brauner als die Altvögel, Beine grau bis graurosa; Stimme: einsilbig „kliep" oder zweisilbig „Klie-iiep", bei Aufregung ein scharfes „kipp".

Vorkommen Ausschließlich entlang der Küste von Nordwest-Namibia bis Port Elizabeth. An felsigen und sandigen Stränden an den Küsten und auf küstennahen Inseln, seltener an Küstenlagunen.

Wissenswertes Die Zahl der Schwarzen Austernfischer hat durch menschliche Besiedlung der Küsten stark abgenommen. Heute gibt es keine 5.000 Exemplare mehr. Sie leben paarweise oder in kleinen Gruppen, auf der Rast auch in Trupps bis zu 120 Vögeln. Sie suchen ihre Nahrung, die überwiegend aus Muscheln, Schnecken, Krebsen und Würmern besteht, gewöhnlich entlang der Wasserlinie. Die Brutzeit dauert von Oktober bis März. Das Gelege besteht meist aus zwei grünlichen, schwarzbraun gefleckten Eiern.

3 Hirtenregenpfeifer Kittlitz's Plover *Charadrius pecuarius (Charadriidae)*

L 16 cm

Merkmale Ein kleiner Regenpfeifer mit sandfarbener Oberseite und hell gelblichbrauner Unterseite; charakteristischer schwarzer Streifen vom Schnabelgrund über das Auge bis zum Nacken; Iris dunkelbraun; Schnabel schwarz; Beine schwärzlichgrau und ziemlich lang; Stimme: ein klagendes „pipiet" und ein hoher Triller.

Vorkommen Im gesamten südlichen Afrika. Auf sandigen und schlammigen Flächen an Binnengewässern und Küsten.

Wissenswertes Der Hirtenregenpfeifer ist zuweilen recht zutraulich. Das Gelege besteht gewöhnlich aus zwei Eiern, die in einer Mulde im Sand oder Kies liegen. Beide Geschlechter brüten und decken das Gelege mit Nistmaterial zu, bevor sie das Nest verlassen.

4 Dreibandregenpfeifer Three-banded Plover *Charadrius tricollaris (Charadriidae)*

L 19 cm

Merkmale Ein kleiner Regenpfeifer mit zwei schwarzen Bändern auf der Brust; Oberseite dunkel olivbraun mit weißer Stirn und einem weißen Ring um den Oberkopf; Schnabel rot mit schwarzer Spitze; Augenring rot; Füße rosarot; Stimme: ein schrilles „Pi-piep".

Vorkommen Im gesamten Gebiet vorkommend. Auf Schlammbänken und Sandflächen an Binnengewässern, seltener an der Küste.

Wissenswertes Der Dreibandregenpfeifer lebt meist einzeln oder paarweise. Er wippt auffällig mit dem Schwanz wie ein Flußuferläufer. Nest und Eier erinnern an die des Hirtenregenpfeifers. Allerdings werden die Eier beim Verlassen des Nestes nicht zugedeckt.

Vögel

1 Senegalkiebitz Wattled Plover *Vanellus senegallus (Charadriidae)*

L 34 cm

Merkmale Ein großer Kiebitz; auffallend aufrecht stehend; Gefieder blaßolivbraun; Kinn und Kehle schwarz gestreift; Stirn weiß; vor den Augen zwei rote und gelbe Lappen herabhängend; Iris und Augenring gelb; Schnabel gelb mit schwarzer Spitze; Beine grüngelb; Stimme: schrill „piiik-piiik" und klagend „kiwiep".

Vorkommen In Nordost-Namibia, Transvaal, Swaziland und Natal. In kurzrasigen Grassteppen, gerne in Gewässernähe.

Wissenswertes Der Senegalkiebitz schreitet bei der Nahrungssuche sehr bedachtsam. Er kauert sich bei Gefahr auf den Boden und fliegt erst spät rufend ab. Nach der Landung hält er die Flügel für einen Moment hoch, bevor er sie zusammenlegt.

2 Waffenkiebitz Blacksmith Plover *Vanellus armatus (Charadriidae)*

L 28–31 cm

Merkmale Ein mittelgroßer Kiebitz mit kontrastreich schwarz, weiß und grau gefärbtem Gefieder; Rücken grau mit zwei schwarzen Flecken; Scheitel weiß; Rest des Kopfes sowie Brust und Hals schwarz; Iris rubinrot; Schnabel und Beine schwarz; Stimme: laut metallisch „tink-tink-tink".

Vorkommen Im ganzen südlichen Afrika. Meist in der Nähe von Wasserflächen, sowohl Süß- als auch Brackwasser, seltener an der Küste.

Wissenswertes Der Waffenkiebitz erscheint meist einzeln oder paarweise, auf dem Zug bilden sich auch Trupps mit bis zu 100 Exemplaren.

3 Langzehenkiebitz Longtoed Plover *Vanellus crassirostris (Charadriidae)*

L 30 cm

Merkmale Ein großer Kiebitz; kontrastreich schwarzweiß gefärbt; Oberseite braungrau; Gesicht, vordere Hälfte des Oberkopfes, Vorderbrust, Hinterbauch und Unterschwanzdecken weiß; Hinterkopf, Nacken und vorderer Bauch schwarz; Flügel mit weißen Flecken; Augenring rosa; Iris rot; Schnabel purpurrosa mit schwarzer Spitze.

Vorkommen Vom Südsudan bis Nordbotswana und -simbabwe, über Mosambik bis Ostnatal. An Gewässern mit Schwimmpflanzen.

Wissenswertes Der Langzehenkiebitz sucht – auf den Schwimmblättern von See- und Teichrosen laufend – nach Nahrung. Er frißt vor allem kleine Schnecken, Muscheln und Insekten.

4 Kronenkiebitz Crowned Plover *Vanellus coronatus (Charadriidae)*

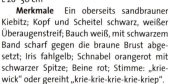

L 28–30 cm

Merkmale Ein oberseits sandbrauner Kiebitz; Kopf und Scheitel schwarz, weißer Überaugenstreif; Bauch weiß, mit schwarzem Band scharf gegen die braune Brust abgesetzt; Iris fahlgelb; Schnabel orangerot mit schwarzer Spitze; Beine rot; Stimme: „kriewick" oder gereiht „krie-krie-krie-krie-kriep".

Vorkommen Im gesamten südlichen Afrika. In der Nähe von Gewässern, aber auch in Baum- und Grassavannen.

Wissenswertes Der Kronenkiebitz ist tag- und nachtaktiv. Er ist ein lärmender Vogel, der bei dem geringsten Anlaß laut zu rufen beginnt und Eindringlinge schneidig angreift.

5 Kaptriel Spotted Dikkop *Burhinus capensis (Burhinidae)*

L 43 cm

Merkmale Ein großer kiebitzähnlicher Watvogel; Oberseite rötlich sandfarben mit kleinen schwarzen Flecken, Unterseite hellbraun mit schwarzen Streifen an Kehle und Brust; Iris gelb; Schnabelbasis gelbgrün, Schnabelspitze schwarz; Beine gelb; Stimme: ein klagendes Pfeifen „tiha-hüüüh", allmählich ausklingend.

Vorkommen Im gesamten Gebiet. In trockenen Savannen und steinigem Gelände.

Wissenswertes Der Kaptriel ist überwiegend nachtaktiv. Tagsüber ruht er im Schatten von Büschen.

1 Stelzenläufer Black-winged Stilt *Himantopus himantopus* (Recurvirostridae)

L 37–38 cm
Merkmale Ein sehr schlanker Watvogel mit langen Beinen, die im Flug weit über den Schwanz hinausragen; schwarzweißes Gefieder; Iris rubinrot; Schnabel lang, dünn und schwarz; Beine rot; im Flug fallen die schwarzen Unterflügel auf; Stimme: Alarmruf hart „Tschek-tschek-tschek" und ein kreischendes „yip-yip-yip".

Vorkommen Im ganzen südlichen Afrika. Im Uferbereich von Süß- und Brackwasser im Binnenland, seltener an der Küste.

Wissenswertes Er nistet in lockeren Kolonien. Das Nest steht meist auf einer Bülte im Wasser. Das Gelege besteht aus vier Eiern, die von beiden Partnern bebrütet werden. Stelzenläufer ernähren sich von Insekten, Schnecken, Muscheln und Krebsen.

2 Temminckrennvogel Temminck's Courser *Cursorius temminckii* (Glareolidae)

L 20 cm
Merkmale Ein kleiner, schlanker, regenpfeiferartiger Vogel mit langen Beinen; Farbe überwiegend sandbraun mit weißem Hinterbauch und auffälligem schwarzbraunen Bauchfleck; rotbrauner Scheitel, schwarzer Augenstreif und weißer Überaugenstreif; Iris dunkelbraun; Schnabel grauschwarz; Beine und Füße gräulichweiß; Stimme: metallisch „err-err-err" meist beim Auffliegen.

Vorkommen Im gesamten südlichen Afrika mit Ausnahme des Westens und Südens. Überwiegend auf kurzrasigen Grasflächen, oft zahlreich auf frisch abgebranntem Grasland.

Wissenswertes Im Westen und Süden wird der Temminckrennvogel durch den sehr ähnlichen **Rostrennvogel** *(Cursorius rufus)* vertreten. Die Brutzeit dauert von Mai bis November.

3 Doppelbandrennvogel Two-banded Courser *Rhinoptilus africanus* (Glareolidae)

L 20 cm
Merkmale Ein kleiner, überwiegend grauer Rennvogel mit zwei schwarzen Querbinden auf der Brust; Oberseite mit grauschwarzer Fleckung, Unterseite hell; Schnabel schwarz; Beine grauweiß; Stimme: ein regenpfeiferähnlicher, klagender Pfiff.

Vorkommen In ganz Namibia, Südbotswana und der Kapprovinz. In Dornbuschsavannen, Halbwüsten und Salzsteppen.

Wissenswertes Der Doppelbandrennvogel lebt paarweise oder in kleinen Trupps. Er ist tag- und nachtaktiv. Das Gelege besteht aus nur einem Ei.

4 Brachschwalbe Pratincole *Glareola pratincola* (Glareolidae)

L 24–26 cm
Merkmale Vor allem im Flug seeschwalbenartig; überwiegend braun mit weißem Bauch und Bürzel; ockergelbe Kehle mit schwarzer Umrandung; Schnabel rot; Beine kurz und schwarz; Unterseite der Flügel rostrot; Stimme: seeschwalbenähnlich „kieäck" oder „kittikirrek".

Vorkommen Die Brachschwalbe ist im Gebiet Zugvogel. Sie brütet im Caprivi-Streifen, in Nordbotswana und Natal.

Wissenswertes Brachschwalben fliegen oft wie große Schwalben in Gruppen über größeren Gewässern und fangen geschickt Insekten aus der Luft. Die **Schwarzflügelbrachschwalbe** ist sehr ähnlich.

5 Dominikanermöwe Southern Black-backed Gull *Larus dominicanus* (Laridae)

L 50–60 cm
Merkmale Eine mittelgroße Möwe; Kopf, Hals, Unterseite und Schwanz weiß; Mantel und Oberflügel rußschwarz; Schwingen oberseits schwarz, Handschwingen mit weißen Punkten; Schnabel gelb mit rotem Fleck; Beine gelb; Stimme: klagend „miuh".

Vorkommen An den Küsten beider Ozeane. An Lagunen, Sandstränden und Dünen.

Wissenswertes In weiten Teilen ihres Verbreitungsgebietes wird die Dominikanermöwe auf englisch „Kelp Gull" genannt. Kelp ist eine Art Seetang.

1 Namaflughuhn Namaqua Sandgrouse *Pterocles namaqua* (Pteroclidae)

L 26–28 cm

Merkmale Ein überwiegend braunes, oberseits hell-dunkel gesprenkeltes Flughuhn mit verlängerten mittleren Steuerfedern; Kopf, Brust und Bauch des Männchens hellbraun, weißschwarzes Doppel-Brustband, kastanienbrauner quergestreifter Bauch; Weibchen unterseits stärker gestreift, mit gelblicher Kehle; Iris dunkelbraun; Schnabel gräulich hornfarben; Beine rosagrau; Stimme: nasaler, dreisilbiger Ruf „ki-ki-kiuh", Kontaktruf der Vögel „kip-kip-kip".

Vorkommen Im gesamten Westteil des Gebietes. In trockenen Bereichen mit spärlicher, kurzrasiger Vegetation.

Wissenswertes Namaflughühner leben tagsüber paarweise oder in Gruppen bis zu zehn Tieren. In der Morgendämmerung sammeln sie sich vor dem Flug zur Wasserstelle in großen Trupps, wo sie ein bis drei Stunden nach Sonnenaufgang eintreffen. Sie nehmen nicht selten Wege von bis zu 60 km in Kauf und erreichen Fluggeschwindigkeiten von 70 km/h. Die Vögel trinken nicht jeden Tag.

2 Gelbkehlflughuhn Yellow-throated Sandgrouse *Pterocles gutturalis* (Pteroclidae)

L 30–33 cm

Merkmale Das größte afrikanische Flughuhn; mittlere Schwanzfedern nicht verlängert; Grundfärbung bräunlich; Weibchen hell und dunkel marmoriert mit braunem Bauch **(2a)**; gelbe Kehlzeichnung, die beim Männchen durch ein schwarzes Band vom Bauch abgegrenzt wird **(2b)**; weißer Überaugenstreif; Iris dunkelbraun; grauer Augenring; Schnabel bläulichgrau; Beine bräunlich; Stimme: im Fluge heiser „glok-glok-glok".

Vorkommen In Nordost-Namibia, Botswana und Westsimbabwe; Bestandsdichte von Jahr zu Jahr stark schwankend. In Grassteppen und offenen Dornbuschsavannen.

Wissenswertes Gelbkehlflughühner leben meist in kleinen Gruppen zusammen. Am Morgen versammeln sie sich oft zu riesigen Schwärmen, um zur Tränke zu fliegen. Die Art nistet am Boden. Die zwei bis drei braunen, gesprenkelten Eier werden in eine Mulde gelegt. Die Jungen sind Nestflüchter.

3 Doppelbandflughuhn Double-banded Sandgrouse *Pterocles bicinctus* (Pteroclidae)

L 25 cm

Merkmale Oberseits dunkelbraun, weißlich gesprenkelt; Männchen mit sandfarbener Kehle und Vorderbrust, die durch je ein weißes und schwarzes Band vom quergestreiften Bauch getrennt sind; auf der Stirn eine vorne und hinten weiß begrenzte, schwarze Querbinde; Schnabel rötlichgelb.

Vorkommen In der Nordhälfte des südlichen Afrikas bis zur nördlichen Kapprovinz und Nordnatal. An buschbestandenen Hängen und in trockenen Waldlichtungen.

Wissenswertes Doppelbandflughühner leben zur Brutzeit paarweise. Sie fliegen Wasserstellen erst in der Abenddämmerung oder nachts an.

4 Fleckenflughuhn Burchell's Sandgrouse *Pterocles burchelli* (Pteroclidae)

L 25 cm

Merkmale Ein kleines, überwiegend rötlichbraunes Flughuhn mit großen weißen Flecken auf der Ober- und Unterseite; Männchen insgesamt kräftiger gefärbt als Weibchen; Kehle und Gesicht beim Männchen gräulich rahmfarben, beim Weibchen hell ockerfarben; Iris braun; Augenring gelb; Schnabel schwärzlich; Beine relativ lang und gelbrosa gefärbt; Stimme: am Boden „gock-gock-gock", im Flug „tscho-klit, tscho-klit".

Vorkommen In Ostnamibia, Botswana, Westsimbabwe, Ostnatal und im Norden der Kapprovinz. In trockenen Gebieten mit lockerer, etwas höherer Vegetation als bei den anderen Flughühnern.

Wissenswertes Fleckenflughühner leben meist paarweise. Werden sie beunruhigt, laufen sie auf ihren langen Beinen fort und versuchen, sich in der Vegetation zu verstecken. Auch sie versammeln sich vor dem morgendlichen Flug zur Tränke zu großen Trupps. Flughühner trinken wie Tauben: Sie halten den Schnabel ins Wasser und saugen schnell und in langen Zügen die Flüssigkeit auf. Sie brüten oft weit entfernt von Wasserstellen.

Vögel

1 Goldbugpapagei Meyer's Parrot *Poicephalus meyeri* (Psittacidae)

L 24 cm

Merkmale   Ein drosselgroßer, oberseits brauner, unterseits grünlicher Papagei; auffällige goldgelbe Zeichnung auf dem Scheitel und an den Flügelbugen; der Bürzel ist leuchtend grün, in manchen Gegenden auch bläulich; Iris orangerot; Schnabel dunkel grünlichhornfarben; Beine schwärzlichgrau; Stimme: ein schrilles „tschih-tschih-tschih" und verschiedene andere kreischende Rufe.

Vorkommen   In Nordost-Namibia, in der Nordosthälfte Botswanas, in Simbabwe und Osttransvaal. In offenen Savannen mit Akazienbewuchs, aber auch in trockenen Buschsavannen und lichten Waldbeständen.

Wissenswertes   Der Flug des Goldbugpapageis ist reißend mit sehr schnellen Flügelschlägen und unverkennbar. Im Sitzen ist die Art nur schwer zu beobachten, da sie sehr scheu ist.

2 Gurrtaube Cape Turtle Dove *Streptopelia capicola* (Columbidae)

L 25–28 cm

Merkmale   Eine überwiegend graubraune Taube mit einem schwarzen Halbring am Hinterhals; Unterseite grau, am Bauch weißlich; kleiner und blasser als die **Halbmondtaube** (*S. semitorquata*), die ein rotes Auge hat; die ebenfalls nahe verwandte **Angolalachtaube** (*S. ecipiens*) ist größer mit schwarzen Außenschwanzfedern; Stimme: ein dreisilbiger Ruf „gu-ruuuh-ruk".

Vorkommen   Im gesamten südlichen Afrika. In Busch- und Baumsavannen, Dornbuschsteppen, offenem Gelände, auch in Kulturland; streckenweise häufig.

Wissenswertes   Die Gurrtaube wird, entsprechend der englischen Bezeichnung „Cape Turtle Dove", im Deutschen auch oft „Kaplachtaube" genannt. Gurrtauben leben meist paarweise, außerhalb der Brutzeit auch in kleinen Trupps. An Wasserstellen können sich Tausende von ihnen zusammenfinden. Das Nest ist ein lockeres Gebilde aus Reisern. Die Art legt zwei Eier, die von beiden Partnern 12 Tage bebrütet werden.

3 Palmtaube Laughing Dove *Streptopelia senegalensis* (Columbidae)

L 24–25 cm

Merkmale   Eine kleine, unterseits rosaweinrötlich angehauchte, überwiegend blaugraue Taube ohne schwarzen Halsring; schwarz gesprenkelte bräunliche Kropfgegend und Halsseiten; die rosarote Brust geht am Bauch in ein gräuliches Weiß über; Iris dunkelbraun; Schnabel schwärzlich; Beine rötlich; Stimme: ein fünfsilbiger Ruf „Uu-kuuk, kuuk-uu-uu".

Vorkommen   Im gesamten Gebiet. In Busch- und Baumsavannen und in Kulturland; gebietsweise in den Parkanlagen von Städten ziemlich häufig.

Wissenswertes   Palmtauben leben meist paarweise oder in kleinen Trupps. Sie suchen ihre Nahrung in typisch geduckter Stellung auf dem Boden. Über dem Brutrevier führen sie Balzflüge mit ausgebreiteten Schwingen aus.

4 Kaptäubchen Namaqua Dove *Oena capensis* (Columbidae)

L 24–27 cm

Merkmale   Eine kleine, schlanke Taube mit langem, auffallend gestuftem Schwanz; Rumpf sperlingsgroß; Männchen mit schwarzem Gesicht und schwarzem Kehllatz, Weibchen ohne Schwarz an diesen Stellen; Jungvögel ähnlich dem Weibchen; Schnabel beim Männchen gelborange, an der Basis rot, beim Weibchen schwärzlich; Iris braun; Beine purpurrot; Stimme: ein weiches, leises „gu-guh".

Vorkommen   Im gesamten Gebiet, lediglich in einem schmalen Küstenstreifen der südöstlichen Kapprovinz fehlend. In Dornbuschsavannen und anderen offenen Landschaften bis hin zu Halbwüsten.

Wissenswertes   Das Kaptäubchen tritt oft im Familienverband auf. Es sucht seine Nahrung meist auf dem Boden. Der Flug ist sehr reißend. Die langen Schwanzfedern werden bei der Landung gefächert und langsam gesenkt. Das Nest wird im Gebüsch oder auf dem Boden angelegt. Zwei Eier stellen die normale Gelegegröße dar. Sie werden 13–16 Tage bebrütet.

Vögel

1 Graulärmvogel Grey Lourie Corythaixoides concolor (Musophagidae)

L 47–50 cm

Merkmale Ein Vogel, der vor allem durch seine Stimme auffällt; deutlich größer als taubengroß; einfarbig hellgrau mit langem Schwanz und auffälligem Schopf; Geschlechter gleich; Iris braun; Beine und Schnabel schwarz; Jungvögel dunkel aschgrau; Stimme: lautes, nasales „go-weh", wie englisch „go away".

Vorkommen In Nordnamibia, -botswana sowie in Nord- und Osttransvaal. In trockenen Baum- und Buschsavannen, häufig z.B. im Krüger-Nationalpark, im Etosha-Nationalpark und im Chobe-Nationalpark.

Wissenswertes Graulärmvögel treten meist in kleinen Trupps auf. Sie fliegen von Baum zu Baum und lassen dabei ihren unverkennbaren, durchdringenden Ruf ertönen. Ihr Nest legen sie meist in einer Astgabel von Bäumen oder Büschen an. Sie legen zwei bis drei weiße, leicht bläuliche Eier. Die Jungvögel verlassen das Nest lange vor der Flugfähigkeit und klettern im Gezweig umher, wo sie von den Eltern gefüttert werden.

2 Perlkauz Pearl-spotted Owl Glaucidium perlatum (Strigidae)

L 18–20 cm

Merkmale Ein kleiner Kauz mit rundem Kopf und auffällig langem, gebändertem Schwanz; unterseits weiß mit kräftigen Längsstreifen; oberseits braun mit weißen Flecken und einer Fleckenreihe auf den Schultern; Iris leuchtend zitronengelb; Stimme: halblaut „kiwüt" und gellend „kijüh", dazu eine ansteigende Rufreihe, oft von Brutpartnern im Duett vorgetragen.

Vorkommen In Namibia, Botswana, Simbabwe sowie im Norden der Kapprovinz und in Nordtransvaal. In trockenem Buschland, Trockensavannen und Akazienwäldern.

Wissenswertes Als Brutplatz dient dem Perlkauz eine Baumhöhle, meist eine alte Spechthöhle. Das Gelege besteht in der Regel aus drei Eiern. Der **Kapkauz** (G. capense) ist größer als der Perlkauz mit kräftig gebänderter Unterseite.

3 Blaßuhu Giant Eagle Owl Bubo lacteus (Strigidae)

L 58–65 cm

Merkmale Die größte afrikanische Eule, etwa so groß wie die europäische Uhu; Unterseite blaß braungrau und ganz fein quergestreift; weißlicher Gesichtsschleier, beiderseits von einem schwarzen Band begrenzt; deutliche Federohren; Stimme: ein klagendes „hu-hu-hu-hu-hu-hu-hu", mit langsam ansteigender Tonhöhe.

Vorkommen Im gesamten Gebiet bis auf die Südhälfte der Kapprovinz, Lesothos und Natals. Vor allem in der Akaziensavanne, in Buschsavannen und lockeren Baumbeständen.

Wissenswertes Der Blaßuhu ist dämmerungs- und nachtaktiv und schläft tagsüber gern in hohen Akazien. Das Gelege besteht aus zwei weißen Eiern, die in verlassene Greifvogelhorste gelegt werden. Manchmal brütet der Blaßuhu auch in Baumhöhlen. Die Brutzeit dauert von März bis September.

4 Schleiereule Barn Owl Tyto alba (Strigidae)

L 30–33 cm

Merkmale Eine schlanke Eule; oberseits goldbräunlich und weiß gefleckt, unterseits weiß mit einigen dunklen Punkten an Brust und Flanken; flaches Gesicht mit herzförmigem „Schleier"; Beine lang, bis zu den Zehen dünn befiedert; Iris dunkelbraun; keine Federohren; Schnabel weißlich; erscheint in einer hellen und einer dunklen Farbvariante; Stimme: schnarchende Laute am Brutplatz, sonst ein dünnes, helles Kreischen.

Vorkommen Kosmopolit, auf allen Kontinenten außer der Antarktis; im gesamten Gebiet. Von Wäldern aller Art bis hin zu Wüsten; überall in der Nähe von geeigneten Höhlenverstecken in Felsen, Häusern, Nestern des Hammerkopfes oder des Siedelwebers.

Wissenswertes Die Schleiereule ist ein nachtaktiver Vogel, der sich überwiegend von Ratten und Mäusen ernährt. Die Brutzeit dauert von August bis Dezember. Das Gelege besteht aus drei bis neun Eiern.

Vögel

1 Braunflügel-Mausvogel Speckled Mousebird *Colius striatus (Coliidae)*

L 35 cm

Merkmale Ein braungrau gefärbter Mausvogel mit kurzem Federschopf und überlangem Schwanz; Gesicht, Kinn und Kehle schwärzlich; Oberseite braun, Unterseite hellbraun; Oberschnabel schwarz, Unterschnabel hellgraublau; Beine dunkel fleischfarben; Stimme: ein scharfes „tsssick".

Vorkommen In Osttransvaal, Natal und in der Südhälfte der Kapprovinz. In lockeren Waldbeständen, an Waldrändern, in Busch- und Kulturland.

Wissenswertes Mausvögel leben nur in Afrika. Sie huschen durchs Geäst wie Mäuse – daher auch ihr Name. Im Flug erinnern sie mit dem langen Schwanz an kleine Fasane.

2 Graufischer Pied Kingfisher *Ceryle rudis (Alcedinidae)*

L 25–29 cm

Merkmale Schwarzweißes Gefieder; Schopf am Hinterkopf; Oberseite schwarz und weiß gefleckt, Unterseite weiß; Männchen mit breitem oberen und schmalem unteren Brustband; Weibchen mit einem in der Mitte unterbrochenen Band über der Brust; Schnabel und Beine schwarz.

Vorkommen Im gesamten Gebiet, fehlt nur in der Namib-Wüste und in der Zentralkalahari. Am Ufer von Gewässern aller Art.

Wissenswertes Der Graufischer jagt von exponierten Warten wie Baumspitzen, Pfählen, Brücken oder Telegraphendrähten aus. Er rüttelt über dem Wasser und fängt seine Beute durch Stoßtauchen.

3 Riesenfischer Giant Kingfisher *Ceryle maxima (Alcedinidae)*

L 40–45 cm

Merkmale Der größte afrikanische Eisvogel; struppiger Federschopf; Oberseite schiefergrau mit feinen weißen Punkten; Brust beim Männchen kastanienbraun, Kinn weiß, Bauch hell, Flanken dunkel gefleckt; Weibchen mit weißer Kehle, weißer Brust mit dunklen Streifen und rostbraunem Bauch; Schnabel und Beine schwarz; Stimme: ein lautes „Kjii-ark", mehrfach wiederholt.

Vorkommen Im Gebiet außer in Namibia, Mittel- und Südbotswana sowie in der Nordspitze der Kapprovinz. An Gewässer mit Baumbestand im Uferbereich gebunden; auch an Staudämmen und kleinen Bächen.

Wissenswertes Der Riesenfischer sitzt gern auf starken Ästen von Bäumen an Gewässern. Er jagt durch Stoßtauchen aus einem Rüttelflug. Seine Nahrung besteht überwiegend aus Süßwasserkrabben.

4 Streifenliest Striped Kingfisher *Halcyon chelicuti (Alcedinidae)*

L 17 cm

Merkmale Oberseits graubraun mit grünblauem Bürzel, unterseits rahmfarben mit dunklen Streifen an Brust und Flanken; Oberkopf dunkelgrau mit hellen Stricheln; Oberschnabel schwarzbraun, Unterschnabel rot; Füße rötlichbraun; Stimme: ein lauter abfallender Triller.

Vorkommen In Ostnamibia, Botswana, Simbabwe sowie in Nord- und Osttransvaal. In Savannen, lichten Wäldern und Kulturland; auch weit entfernt vom Wasser.

Wissenswertes Der Streifenliest brütet überwiegend in Baumhöhlen, aber auch in Mauerspalten und Vogelnestern. Das Gelege besteht meist aus vier weißen Eiern.

5 Haubenzwergfischer Malachite Kingfisher *Alcedo cristata (Alcedinidae)*

L 14 cm

Merkmale Ein kleiner, prächtig gefärbter Eisvogel mit einer Haube; Kopf kobaltblau mit schwarzen Querstreifen; Rücken ultramarinblau; Kehle weiß; Wangen und Unterseite rötlichbraun; Schnabel und Beine scharlachrot; Stimme: im Flug „tiiet".

Vorkommen In Nordnamibia, Ostbotswana, Simbabwe und Südafrika bis auf Teile der westlichen Kapprovinz.

Wissenswertes Der kleinere **Zwergfischer** *(A. picta)* ist ein Brutvogel im Osten des Gebietes. Er ist zwischen Auge und Kopfplatte rotbraun gefärbt und hat keine Haube.

Vögel

1 Zwergspint Little Bee-eater *Merops pusillus (Meropidae)*

L 15–18 cm

Merkmale Ein kleiner Spint mit abgestutztem Schwanz ohne verlängerte, mittlere Steuerfedern; Oberseite überwiegend grünlich; Kehle gelb, durch ein blauschwarzes Brustband begrenzt; ein auffälliger schwarzer Augenstreif, dazu ein angedeuteter blauer Überaugenstreif; Iris braun; Schnabel schwarz; Beine dunkelrot; außerhalb der Brutzeit deutlich blasser gefärbt; Stimme: gelegentlich ein ein- oder zweisilbiges „tiiiep" oder „tie-tiiep".

Vorkommen Im Caprivi-Streifen, in Nordost-Botswana, Nordtransvaal und Ostnatal. In Baumsavannen, Sumpfgebieten, Kulturland und Galeriewäldern.

Wissenswertes Der Zwergspint ist weniger gesellig als andere Bienenfresser und brütet nicht in Kolonien. Seine Brutröhren gräbt er in niedrige Böschungen und Abbrüche. Das Gelege besteht aus vier bis sechs Eiern. Der Zwergspint setzt sich gerne auf hohe Grashalme und jagt von dort nach Insekten.

2 Karminspint Carmine Bee-eater *Merops nubicoides (Meropidae)*

L 33–38 cm

Merkmale Ein großer Bienenfresser; Schwanz mit stark verlängerten mittleren Steuerfedern; Ober- und Unterseite überwiegend karminrot gefärbt; Bürzel und Unterschwanzdecken blaß kobaltblau; Kopfplatte dunkelgrünblau; schwarzer Augenstreif; Iris rotbraun; Schnabel schwarz; Beine rötlichbraun; von einigen Autoren wird der Karminspint nur als Rasse des **Scharlachspints** *(M. nubicus)* angesehen, er hat eine dunkel grünblaue Kehle; Stimme: ein zweisilbiger, metallisch klingender Ruf „rik-rak".

Vorkommen Im Caprivi-Streifen, in Nordbotswana, Simbabwe, Transvaal, Natal und Mosambik.

Wissenswertes Karminspinte leben sehr gesellig. Sie brüten kolonieweise in Höhlen, die sie in Uferböschungen oder sogar in den flachen Erdboden graben. Außerhalb der Brutzeit vereinigen sich die Vögel zu mitunter großen Schwärmen. Sie benutzen Baumspitzen, Telefondrähte und sogar Weidetiere als Ansitzwarten. Von dort aus steigen sie auf, um größere Insekten im Flug zu erbeuten.

3 Weißstirnspint Whitefronted Bee-eater *Merops bullockoides (Meropidae)*

L 22–24 cm

Merkmale Schwanz ohne verlängerte, mittlere Steuerfedern; Oberseite grün, Nacken zimtfarben; Stirn weiß; Kehle lebhaft scharlachrot; Brust und Bauch braungelb; Ober- und Unterschwanzdecken ultramarinblau; Iris braun; Schnabel schwarz; Beine grünlichschwarz; Jungvögel blasser als die Altvögel; Stimme: nasale Rufe wie „waark-aark".

Vorkommen Im Caprivi-Streifen, in Nordost-Botswana, Nordtransvaal und Ostnatal; Vorkommen sehr lückenhaft, lokal ist die Art manchmal häufig. In Buschlandschaften in Gewässernähe und Galeriewäldern mit Steilufern; auch im Kulturland und in buschreichen Gegenden im Gebirge.

Wissenswertes Der Weißstirnspint brütet in Kolonien. Er gräbt seine Brutröhren ins Steilufer von Gewässern.

4 Schwalbenschwanzspint Swallow-tailed Bee-eater *Merops hirundineus (Meropidae)*

L 20–22 cm

Merkmale Ein mittelgroßer Bienenfresser; der einzige Bienenfresser im Gebiet mit einem Gabelschwanz; Ober- und Unterseite goldgrün mit einer leuchtend gelben Kehle, die nach unten durch ein blaues Band begrenzt wird; Ober- und Unterschwanzdecken hellblau; breiter schwarzer Augenstreif; Iris tiefrot; Schnabel schwarz; Beine schwärzlich; Stimme: ein lautes „tschirie-tschirie", oft wiederholt.

Vorkommen In Namibia, Botswana, Simbabwe, Nord- und Westtransvaal und der nördlichen Kapprovinz. In Akazienbeständen, Busch-, Baumsavannen und Lichtungen.

Wissenswertes Er lebt einzeln oder paarweise. Das Nest ist ein bis zu 1 m langer Tunnel in der Erde oder auf Sandbänken.

Vögel

1 Strichelracke Purple Roller *Coracias naevius* (Coraciidae)

L 35–40 cm

Merkmale Eine große untersetzte Racke ohne Schwanzspieße; Oberseite olivbraun, Unterseite rötlichbraun mit kräftigen weißen Längsstreifen; Schwanz und Schwingen dunkelpurpurblau; Scheitel rotbraun; kräftige weiße Überaugenstreifen, die bis in den Nacken reichen; Iris braun; Schnabel schwarz; Beine olivbraun; Stimme: ein knarrendes „kra-kra".

Vorkommen Von Somalia und Äthiopien südwärts bis ins südliche Afrika; in Ostnamibia, Botswana, Simbabwe und Nordtransvaal. In Dornbuschsavannen und Buschland mit lockerem Baumbewuchs.

Wissenswertes Wie die meisten anderen Racken brüten Strichelracken in Baumlöchern oder verlassenen Spechthöhlen. Die Art ist nicht sehr gesellig, nur bei größerem Nahrungsangebot tritt sie zahlreich auf. Sie frißt große Insekten, vor allem Heuschrecken, Skorpione, Eidechsen und kleine Schlangen, die sie von einer Warte aus erspäht und bejagt.

2 Gabelracke Lilac-breasted Roller *Coracias caudatus* (Coraciidae)

L 35–40 cm

Merkmale Auffällig verlängerte äußere Schwanzfedern, am Ende zugespitzt; Oberseite dunkelbraun, grünlich verwaschen; Kehle und Brust violett, übrige Unterseite grünlichblau; Bürzel und Flügeldecken leuchtend ultramarinblau; Iris braun; Schnabel schwarz; Beine grünlichgelb; Stimme: heiser krächzend „kra-kra".

Vorkommen In der Osthälfte Namibias, in Botswana, Simbabwe, Transvaal, Ostnatal und der nördlichen Kapprovinz. In Baumsavannen, offenem Buschland und Kulturland.

Wissenswertes Die Gabelracke ist einer der schönsten und in ihrem Verbreitungsgebiet häufigsten Vögel Afrikas. Sie sitzt gern auf Baumspitzen, Leitungsmasten, Termitenhügeln oder Zäunen, um von dort nach Insekten auf dem Erdboden zu jagen. Neben Heuschrecken, Käfern und Raupen frißt sie auch kleine Reptilien und gelegentlich sogar Vögel und Mäuse.

3 Wiedehopf Hoopoe *Upupa epops* (Upupidae)

L 26–28 cm

Merkmale Von der Größe einer Kaplachtaube; leuchtend hell rostfarbenes Gefieder; Flügel und Schwanz auffällig schwarz-weiß quergestreift, Handschwingen schwarz; eine lange, aufrichtbare Federhaube auf dem Kopf; Iris braun; Schnabel dunkel hornfarben, lang, dünn und leicht abwärts gebogen; Beine gelbrosa; kraftlos wirkender, schmetterlingsartiger Flug; Stimme: ein tiefes „hup-hup-hup", das an Taubenrufe erinnert, oft auch nur zweisilbig.

Vorkommen Im gesamten Gebiet. In trockenem Buschland, Akazienwäldern und Kulturland.

Wissenswertes Im Gegensatz zur europäischen Rasse des Wiedehopfes, die Wintergast in Ostafrika ist, hat die südafrikanische Unterart keine weiße Binde auf den Handschwingen. Der Wiedehopf brütet in natürlichen Höhlen in Bäumen, Termitenhügeln und Mauern. Die Brutzeit dauert von Juli bis Dezember. Im Laufe der Brutperiode beginnt das Nest bestialisch zu stinken.

4 Kaffernhornrabe Ground Hornbill *Bucorvus leadbeateri* (Bucerotidae)

L 90–129 cm

Merkmale Der größte afrikanische Nashornvogel; Gefieder schwarz, nur im Flug sind die weißen Handschwingen sichtbar; Gesicht und Kehle nackt und leuchtend rot, beim Weibchen ein kleiner blauer Kehlfleck; Iris gelb; Schnabel schwarz mit kleinem Höcker auf der Oberseite; Stimme: ein dumpfes „wumb", zuweilen von beiden Partnern abwechselnd vorgetragen, oft vor der Morgendämmerung.

Vorkommen In einem schmalen Streifen von Nordost-Namibia, Nordbotswana über Simbabwe, Osttransvaal, Natal bis in die östliche Kapprovinz. In Savannen.

Wissenswertes Sie halten sich am Boden auf und suchen im Familienverband (Eltern mit einem Jungen) nach Nahrung.

Vögel

1 Felsentoko Bradfield's Hornbill *Tockus bradfieldi (Bucerotidae)*

L 50–57 cm
Merkmale Bezeichnend staubig graubraun auf der Oberseite sowie an Kehle, Hals und Brust; Bauch und Unterschwanzdecken weiß; Iris gelb; Schnabel bräunlich orangerot; Beine schwarzbraun; Stimme: eine Reihe von Pfiffen „pi-pi-pi-pi-pi-pi-pi-piiuh".

Vorkommen Von Ostsimbabwe über Nordbotswana nach Nordnamibia. In Halbwüsten, Savannen und Mopanewäldern.
Wissenswertes Der ähnliche **Kronentoko** *(T. alboterminatus)* ist oberseits erheblich dunkler. **Monteiros Toko** *(T. monteiri)* aus Nordwest-Namibia hat weiße Flügelflecken.

2 Grautoko Grey Hornbill *Tockus nasutus (Bucerotidae)*

L 43–48 cm
Merkmale Etwas größer als der Rotschnabeltoko; hauptsächlich blaß graubraun; Brust und Bauch weiß; Flügeldecken mit weißlichen Säumen; Schnabel beim Männchen schwarz mit elfenbeinfarbenem Streifen von der Basis des Oberschnabels bis über die Mitte; hintere Hälfte des Oberschnabels beim Weibchen gelb, vordere braunrot; weißer Überaugenstreif; Iris rotbraun; Beine schwarz mit weißen „Sohlen"; Stimme: ein zweisilbiges „pie-huh", mehrfach wiederholt.

Vorkommen In der Osthälfte Namibias, in Botswana und Simbabwe sowie in Nord- und Osttransvaal, Ostnatal und im Norden der Kapprovinz. In Busch- und Baumsavannen sowie in Mopanewäldern.
Wissenswertes Der Grauschnabeltoko hält sich im Gegensatz zu anderen Tokos überwiegend auf Bäumen auf und kommt nur selten auf die Erde. Die Brutzeit dauert in Simbabwe von September bis Dezember, in Namibia von Februar bis Mai und in Natal von Oktober bis Dezember.

3 Gelbschnabeltoko Yellow-billed Hornbill *Tockus flavirostris (Bucerotidae)*

L 48–60 cm
Merkmale Ein mittelgroßer Toko mit weißer Unterseite; weißgefleckte braunschwarze Flügel; rosafarbener Kehlfleck; mächtiger, orangegelber, leicht abwärts gebogener Schnabel; Augenring unbefiedert und gelbrot; Iris gelb; Beine schwarz; Stimme: ein ansteigendes „tok-tok-tok-tok", das in ein lautes „tschedek-tschedek" übergeht.

Vorkommen In Ostnamibia, Botswana, Südsimbabwe, Nordost-Transvaal und Ostnatal. In Baum- und Dornbuschsavannen sowie in trockenen Akazien- und Mopanewäldern.
Wissenswertes Sie fressen pflanzliche und tierische Nahrung. Im Flug erbeuten sie z.B. schwärmende Termiten. Auf dem Boden stellen sie mit unbeholfenen Sprüngen Heuschrecken und kleinen Reptilien nach.

4 Rotschnabeltoko Red-billed Hornbill *Tockus erythrorhynchus (Bucerotidae)*

L 42–50 cm
Merkmale Oberseite braunschwarz mit einem weißen Streifen an der Schulter; Flügel auffällig weiß gefleckt; Unterseite weiß; Schnabel rot, beim Männchen mit einem schwarzen Fleck an der Basis des Unterschnabels, abwärts gebogen und deutlich schlanker als beim Gelbschnabeltoko; Iris gelb oder braun; unbefiederte Partien ums Auge und an der Kehle rosa; Beine schwarz; Stimme: ein fortlaufendes „tuock-tuock-tuock", das in lauter werdende mehrsilbige Rufe übergeht.
Vorkommen In der Nordhälfte Namibias und Botswanas, in Simbabwe, in Nord- und Osttransvaal sowie in Ostnatal. In Busch- und Baumsavannen, Akazien- und Mopanewäldern, zuweilen auch in Halbwüsten.

Wissenswertes Die Art brütet in Baumhöhlen. Das Weibchen wird in der Höhle vom Männchen mit einem Gemisch aus Lehm und Speichel eingemauert. Durch einen Spalt von etwa 1 cm Breite wird es vom Männchen gefüttert. Während der Brutdauer von ca. 23 Tagen mausert das Weibchen das gesamte Gefieder. Weibchen und Jungvögel halten das Nest sauber und schleudern den Kot aus dem Spalt hinaus. Wenn die Jungen drei bis vier Wochen alt sind, verläßt das Weibchen die Höhle. Die Jungen mauern diese wieder mit Kot zu und werden weitere drei Wochen von beiden Eltern versorgt.

Vögel

1 Haubenbartvogel Crested Barbet *Trachyphonus vaillantii (Capitonidae)*

L 23 cm

Merkmale Kopf mit kurzer schwarzer Haube; Nacken und Rücken schwarz; Kopf und Kehle leuchtend gelb mit roter Fleckung; die übrige Unterseite leuchtend mit scharlachroter Streifung; zwischen Kehle und Brust verläuft ein schwarzweiß geflecktes Querband; Schnabel gelbgrün; Beine graugrün; Jungvögel etwas blasser gefärbt; Stimme: ein trillernder, schnurrender Gesang.

Vorkommen Im Caprivi-Streifen, im Norden und Osten Botswanas, in Simbabwe, Transvaal, Ostnatal und der nordöstlichen Kapprovinz. In Busch- und Baumsavannen, Akazien- und Mopanewäldern, zuweilen auch in Gärten.

Wissenswertes Benannt sind die Bartvögel nach steifen Borsten, eben dem „Bart", der am Schnabelgrund wächst. Sie leben in der Regel einzeln oder paarweise, nur in fruchttragenden Bäumen können sie auch einmal in beträchtlicher Zahl zusammenkommen. Die meisten Bartvogelarten nisten in Baumhöhlen, der Haubenbartvogel dagegen zimmert seine Bruthöhle in Termitenbauten.

2 Trauerdrongo Fork-tailed Drongo *Dicrurus adsimilis (Dicruridae)*

L 25 cm

Merkmale Völlig schwarzes Gefieder; grauer Fleck auf dem Flügel; Schnabel und Beine schwarz; Iris dunkelrot; Schwanz auffällig gegabelt, beim Männchen tiefer gegabelt als beim Weibchen; Junge etwas matter schwarz mit grauen Federsäumen; Stimme: harte, metallische Rufe, laute Pfiffe und krächzende Laute.

Vorkommen Im gesamten Gebiet bis auf die mittlere Kapprovinz. In Busch- und Baumsavannen und Trockenwäldern.

Wissenswertes Er lebt meist einzeln oder paarweise, doch bei üppigem Nahrungsangebot finden sich zahlreiche Vögel ein. Der **Geradschwanzdrongo** *(D. ludwigi)* der südöstlichen Küstenregion ist kleiner und hat einen fast gerade abgestutzten Schwanz.

3 Schildrabe Pied Crow *Corvus albus (Corvidae)*

L 45–52 cm

Merkmale Krähengroß; schwarz mit weißer Brust und weißem Halsband; Stimme: ein heiseres Krächzen.

Vorkommen Im gesamten Gebiet mit Ausnahme von Ostnamibia und Südbotswana. In offenem Gelände, Kulturland und am Ufer von Binnengewässern und Meeresküsten; oft in der Nähe menschlicher Siedlungen anzutreffen.

Wissenswertes Der Schildrabe sucht in Städten und Dörfern nach Abfällen aller Art, bleibt aber scheu. Er findet sich oft an Aas ein, kann aber auch kleine Vögel im Flug erbeuten. Manchmal frißt er in reifen Getreidefeldern oder pickt die frische Saat auf. Der Schildrabe baut ein großes Nest aus Reisern, Gras und Lumpen in Bäumen, auf Felsbändern oder Telegraphenmasten. Der **Geierrabe** *(C. albicollis)* ist größer und völlig schwarz mit einem halbmondförmigen Fleck auf dem Vorderrücken.

4 Kapkrähe Black Crow oder Cape Rook *Corvus capensis (Corvidae)*

L 48–53 cm

Merkmale Einheitlich glänzend-schwarzes Gefieder wie die europäische Saatkrähe; Kehlbefiederung locker; Iris braun; Schnabel schwarz, ziemlich dünn; Beine schwarz; Stimme: ein rauhes, gackerndes „kjaäh".

Vorkommen Im gesamten Gebiet mit Ausnahme von Botswana und weiten Teilen der nördlichen und mittleren Kapprovinz. In offenem Gelände mit einzeln stehenden Bäumen, Kultur- und Weideland; manchmal größere Ansammlungen in der Nähe menschlicher Siedlungen.

Wissenswertes Die Kapkrähe lebt meist paarweise in abgegrenzten Territorien. Sie ruft oft aus hohen Bäumen und von Telefonmasten; dabei sträubt sie auffällig das Kopfgefieder. Kapkrähen sind Allesfresser, bevorzugen aber Insekten. Sie nisten in Bäumen. Das Gelege besteht aus zwei bis vier rosafarbenen, dunkel gefleckten Eiern, die 18–19 Tage bebrütet werden.

1 Schwarzkehlchen Stonechat *Saxicola torquata* (Turdidae)

L 13–14 cm

Merkmale Männchen mit schwarzem Kopf, Nacken und schwarzer Kehle, auffälliger weißer Halsseitenfleck, rostrote Brust, Bauch und Bürzel weiß, weiße Flügelflecken; Weibchen oberseits braun mit weißen Flügelflecken, Brust zimtfarbig; Jungvögel blasser und oberseits gefleckt; Iris dunkelbraun; Schnabel und Beine schwarz; Stimme: ein rauh krächzendes „huit-tak-tak", mehrfach wiederholt, sowie ein schnell vorgetragener zwitschernder Gesang.

Vorkommen Im Caprivi-Streifen, im Norden und Osten Botswanas, in Simbabwe und ganz Südafrika mit Ausnahme der nördlichen und südwestlichen Kapprovinz. In Ödländern im Bergland, in Kulturland und in mit Büschen bewachsenen Grassteppen.

Wissenswertes Ebenso wie das europäische Schwarzkehlchen sind auch die afrikanischen Vertreter Unterarten des Schwarzkehlchens. Die Art ist ein Bodenbrüter. Schwarzkehlchen sitzen gerne auf der Spitze von Büschen, auf hohen Halmen und Zäunen.

2 Erdschmätzer Capped Wheatear *Oenanthe pileata* (Turdidae)

L 18 cm

Merkmale Ein ziemlich großer Steinschmätzer mit auffällig aufrechter Körperhaltung; Oberseite dunkelrostbraun mit weißem Bürzel; Kehle weiß; breites, schwarzes Brustband; Kopfplatte, Kopf- und Halsseiten schwarz; Stirn weiß; breiter, weißer Überaugenstreif; Iris braun; Schnabel und Beine schwarz; Geschlechter gleich; Jungvögel blasser gefärbt mit gelbbraun geflecktem Oberseite; Stimme: kurzer zwitschernder Gesang, imitiert hervorragend Rufe und Gesänge anderer Vogelarten.

Vorkommen Im gesamten Gebiet mit Ausnahme der Nordwestspitze Namibias, des Südostens der Kapprovinz und Natals; abgesehen vom äußersten Norden des Gebiets ein Zugvogel. In Gras- und Buschsavannen, Weideland und offenen Küstenebenen.

Wissenswertes Der Erdschmätzer nistet in Höhlen von Termitenhügeln oder in Mauselöchern. Das Gelege besteht meist aus drei blaßgrünen, rosa gesprenkelten Eiern. Die Brutzeit variiert in den Regionen des Gebiets sehr stark. Meist werden zwei Bruten pro Jahr aufgezogen.

3 Paradiesschnäpper Paradise Flycatcher *Therpsiphone viridis* (Monarchidae)

L 20–35 cm

Merkmale Auffällig rostrotes Gefieder; dunkelgrauer Kopf mit kleiner Haube; Unterseite schiefergrau; Männchen mit sehr stark verlängerten mittleren Schwanzfedern; Iris braun; Schnabel graublau; Beine schiefergrau; Stimme: ein scharfer, zwei- bis dreisilbiger Lockruf, zwitschernder Gesang.

Vorkommen In Nordost-Namibia, Nord- und Ostbotswana, Transvaal, Natal und entlang der Südküste Südafrikas; im Gebiet ist der Paradiesschnäpper ein Zugvogel. In Wäldern, Galeriewäldern, Parks und Gärten.

Wissenswertes In einigen Teilen des Verbreitungsgebietes kommen Männchen mit weißer statt fuchsbrauner Oberseite vor.

4 Gelbkehlpieper Yellow-throated Longclaw *Macronyx croceus* (Motacillidae)

L 20–21 cm

Merkmale Ein kräftiger Pieper mit leuchtend gelber Kehle, die von einem breiten schwarzen Band eingefaßt ist; Schwarz des Brustbandes zum gelben Bauch hin gestrichelt; oberseits bräunlich mit hellen Federsäumen; Iris braun; Schnabel schwärzlich; Stimme: ein melodisches „tju-wieh", von Sitzwarten aus vorgetragen; außerdem ein kurzer melodischer Gesang, der im Flug und von einer Warte aus vorgetragen wird.

Vorkommen In Ostsimbabwe, Osttransvaal und -natal. In offenen Gras- und Buschsavannen und Kultursteppen.

Wissenswertes Beim ähnlichen und im Gebiet seltenen **Fülleborns Großspornpieper** (*M. fuelleborni*) ist das Schwarz des Brustbandes scharf gegen den Bauch abgegrenzt. Der **Kap-Großspornpieper** (*M. capensis*) hat eine leuchtend orangefarbene Kehle. Der Gelbkehlpieper baut sein Nest unter Grasbüscheln. Er legt zwei bis vier Eier.

Vögel

1 Rotbauchwürger Crimson-breasted Shrike *Lanarius atrococcineus (Laniidae)*

L 23 cm

Merkmale Ein auffällig schwarzweißroter Würger; gesamte Unterseite leuchtend karminrot, zuweilen Exemplare mit gelber Unterseite; Oberseite schwarz mit einem weißen Längsstreifen auf dem Flügel; Schnabel und Beine schwarz; Geschlechter gleich gefärbt, Jungvögel gelbbraun mit dunkler Querstreifung; Stimme: laute durchdringende, glockenartige Flöttöne, einzeln oder von Partnern im Duett vorgetragen, dazu Schnarr- und Klicklaute.

Vorkommen In Namibia, Botswana, Westsimbabwe, Westtransvaal und der nördlichen Kappprovinz. In trockenen Dornbuschsavannen und lichten Mopanewäldern.

Wissenswertes Der Rotbauchwürger lebt meist paarweise. Er sucht im Gebüsch und auf der Erde nach Nahrung, die meist aus Insekten besteht. Die Vögel bauen ihr überwiegend aus Borkenstreifen gefertigtes Nest in der Astgabel von Dornbüschen, aber auch in höheren Bäumen. Das Gelege besteht aus zwei bis drei Eiern.

2 Elsterwürger Magpie Shrike oder Long-tailed Shrike *Corvinella melanoleuca (Laniidae)*

L 35–43 cm

Merkmale Ein großer schwarzweißer Würger mit sehr langem Schwanz, weißem Flügelspiegel und je einem weißen Streifen beiderseits des Rückens; grauer Bürzel; Schnabel und Beine schwarz; Iris braun; Männchen etwas größer und kontrastreicher gefärbt als Weibchen; Jungvögel braun; Stimme: zweisilbiger, trillernder Ruf „klidloh" sowie krächzende Laute.

Vorkommen In Nordost-Namibia, Botswana, Simbabwe, West- und Osttransvaal sowie im Zentrum Südafrikas. In Dornbuschsavannen und lichten Mopanewäldern.

Wissenswertes Der Elsterwürger tritt meist paarweise oder in kleinen Trupps auf. Er sitzt gerne auf der Spitze von Büschen und Bäumen. Von dort macht er Jagd auf Insekten und manchmal kleine Reptilien. Das Nest wird in der Regel in den äußeren Zweigen von Dornbüschen angelegt. Der **Fiskalwürger** (*L. collaris*) ist ebenfalls schwarzweiß, hat aber einen kürzeren Schwanz mit weißen Außenfedern.

3 Weißscheitelwürger White-crowned Shrike *Eurocephalus anguitimens (Prionopidae)*

L 22–24 cm

Merkmale Ein oberseits graubrauner Würger; Scheitel, Kehle, Brust und Bauch weiß; Unterschwanzdecken grau; Augenstreif bis hinters Ohr, wo er sich stark verbreitert; Iris braun; Schnabel dunkel hornfarben; Beine hell- bis dunkelbraun; Stimme: ein heiseres „kaa-kaa-kaa" und ein lautes „kwäh-kwäh".

Vorkommen In Nordost-Namibia, Nordost- und Südost-Botswana, Transvaal und der nördlichen Kappprovinz. In Buschsavannen und lockeren Baumbeständen.

Wissenswertes Der Weißscheitelwürger zeigt einen auffälligen Gleitflug mit steifen Schwingen zwischen Bäumen. Er hält sich oft am Boden auf.

4 Neuntöter Red-backed Shrike *Lanius collurio (Laniidae)*

L 17–18 cm

Merkmale Männchen mit blaugrauem Oberkopf und Bürzel, Rücken rostrot, ein breiter schwarzer Augenstreif vom Schnabelgrund bis hinters Ohr, unterseits weiß mit rosa Anflug, Schwanz schwarz mit weißen Außenfedern; Weibchen oberseits rötlichbraun, unterseits gelbbräunlichweiß und an den Flanken deutlich quergebändert; Iris braun; Schnabel und Beine schwarz; Jungvögel ähnlich dem Weibchen; Stimme: ein rauhes, doppelt gerufenes „tschaaark".

Vorkommen Von Oktober bis April häufiger Wintergast im ganzen Gebiet mit Ausnahme von Südwest-Namibia, Lesotho und der südlichen Kappprovinz. In Savannen und offenem Gelände mit vereinzelten Büschen.

Wissenswertes Der Neuntöter sitzt gerne auf den Spitzen von Büschen. Häufig pendelt er mit dem Schwanz hin und her. Seine Beute sind überwiegend Insekten, die er manchmal auf Dornen spießt, um sie besser bearbeiten zu können.

Vögel

1 Riesenglanzstar Greater Glossy Starling *Lamprotornis australis* (Sturnidae)

L 30–34 cm

Merkmale Ein großer, grünschwarzer Glanzstar mit auffälligem Erzglanz auf den Federn; Schwanz lang und abgerundet; im Ohrbereich schwarzblau; Iris dunkelbraun (selten bei Glanzstaren); Schnabel schwarz; Beine lang und schwarz; Jungvögel unterseits bräunlich gefärbt; Stimme: durchdringende, krächzende und pfeifende Rufe.

Vorkommen Von Nordangola über Nordost-Namibia, Botswana bis Westsimbabwe und West- und Osttransvaal. In trockenen Busch- und Baumsavannen, mit Vorliebe in der Nähe von Wasserlöchern.

Wissenswertes Der Riesenglanzstar lebt meist paarweise, versammelt sich aber z.B. an Schlafplätzen zu großen Gemeinschaften. Er brütet in Baumhöhlen. Das Gelege besteht aus drei bis vier hellblauen, rotgefleckten Eiern.

2 Rotschulterstärling Glossy Starling *Lamprotornis nitens* (Sturnidae)

L 23 cm

Merkmale Von weitem einfarbig blaugrün mit metallischem Glanz auf dem Gefieder; ein rostbrauner Fleck am Flügelbug; Iris auffällig orangefarben; Beine und Schnabel schwarz; Jungvögel rußschwarz; Stimme: Ruf ein zweisilbiges „türrwü", Gesang aus zwitschernden und pfeifenden Lauten.

Vorkommen Im gesamten Gebiet mit Ausnahme der äußersten Südspitze der Kapprovinz. In Buschland und Baumsavannen, auch in Park- und Kulturland.

Wissenswertes Der Rotschulterstärling lebt meist paarweise, versammelt sich aber auch zu kleinen Trupps. Er brütet in Baumhöhlen.

3 Gelbschnabelmadenhacker Yellow-billed Oxpecker *Buphagus africanus* (Buphagidae)

L 22 cm

Merkmale Deutlich größer als der Rotschnabelmadenhacker; unterseits heller und mit hellerem Bürzel; kennzeichnend ist der leuchtend gelbe, derbe Schnabel mit roter Spitze, deutlich dicker als beim Rotschnabelmadenhacker; Augenring unauffällig; Rachen blutrot; Beine braun; Stimme: ähnlich der des Rotschnabelmadenhackers, ein gackerndes „krisssss".

Vorkommen Im Caprivi-Streifen, in Nordbotswana, einem kleinen Gebiet in Westsimbabwe sowie im Krüger-Nationalpark. In Buschsavannen und lockeren Baumbeständen.

Wissenswertes Genau wie der Rotschnabelmadenhacker ist die Art immer nur in der Nähe von Großwild oder Haustieren anzutreffen. Unter den Wirten sind Arten wie Kudu, Impala und Rappenantilope offenbar bevorzugt. Auch der Gelbschnabelmadenhacker nistet in Baumhöhlen, wo er ein umfangreiches Nest aus Gras und Heu zusammenträgt. Das Gelege besteht aus zwei bis drei Eiern und wird überwiegend vom Weibchen bebrütet. Im Alter von drei Wochen fliegen die Jungen aus. Sie werden noch einige Tage von den Altvögeln mit Nahrung versorgt und bald in die Nähe von Großtierherden geführt.

4 Rotschnabelmadenhacker Red-billed Oxpecker *Buphagus erythrorhynchus* (Buphagidae)

L 18 cm

Merkmale Ein schlanker, oberseits gräulichbrauner Vogel mit gelblichweißer Unterseite, derbem Schnabel und gelbem Augenring; Schnabel und Rachen scharlachrot; Iris gelbrot bis rot; Jungvögel grauer mit braungrauem Schnabel; Stimme: ein zischendes „tssssssss".

Vorkommen Im Caprivi-Streifen, der Nordosthälfte Botswanas, Nord- und Westsimbabwe sowie in Osttransvaal. In Savannen und offenem Gelände; angewiesen auf das Vorkommen großer Säugetiere.

Wissenswertes Rotschnabelmadenhacker suchen Großwild nach Zecken und Insekten ab. Dabei durchkämmen sie das Haarkleid der Säuger mit dem Schnabel. Sie fressen aber auch die Ränder der Wunden ihrer Wirte ab und vergrößern sie auf diese Weise. Das Nest wird in Baum- oder Felsenhöhlen angelegt. Das Gelege besteht aus drei bis fünf Eiern.

 Vögel

1 Siedelweber Sociable Weaver *Philetarius socius* (Ploceidae)

L 14 cm

Merkmale Ein sperlingsähnlicher Weber mit dunkelbrauner Kopfplatte, bräunlichweißem Gesicht, kleiner schwarzer „Gesichtsmaske" und schwarzer Kehle (1a); Oberseite dunkelbraun, durch helle Federsäume wie geschuppt; Unterseite hellgrau mit einigen schwarzen Flecken an den Flanken; Iris dunkelbraun; Schnabel und Füße blaugrau; Stimme: Stimmfühlungslaut „Tschipptschipp", Alarmruf hart „tip, tip", ein tschilpender Gesang.

Vorkommen Beschränkt auf Zentralnamibia und die Zentralkalahari (nördliche Kapprovinz und Südbotswana). In Trockengebieten, auch am Rande der Namib-Wüste.

Wissenswertes Der Siedelweber wird auch Siedelsperling genannt. In Südafrika heißt er „Familievoël". Er brütet in großen Gemeinschaftsnestern (1b). Das Dach dieser Anlagen wird zuerst von einigen Vögeln an einem kräftigen Ast errichtet, neuerdings auch an Telegraphenmasten. Darunter bauen dann verschiedene Paare ihre Einzelnester, deren Eingänge nach unten zeigen. Die Anlage wird jahrelang benutzt und kann nach und nach zu einem riesigen Gebilde heranwachsen. Nicht selten bricht der tragende Ast unter der Last zusammen, und das Nest stürzt zu Boden. Ein großes vermessenes Gemeinschaftsnest war 4,8 m lang und 3,6 m breit. Es hatte 125 Eingänge. Siedelweber haben bis zu vier Bruten im Jahr. Manchmal brüten kleine Papageien, andere Weber, Prachtfinken und Zwergfalken als „Untermieter" in unbelegten Einzelnestern.

2 Mahaliweber White-browed Sparrowweaver *Plocepasser mahali* (Ploceidae)

L 16,5 cm

Merkmale Sperlingsähnlich mit hellbrauner Oberseite; Unterseite grauweiß; dunkler Scheitel; breiter weißer Überaugenstreif; weiße Flügelbinde und weißer Bürzel; Iris rotbraun; Schnabel beim Männchen schwarz, beim Weibchen hornfarben; Beine hellbraun; Stimme: insbesondere im Bereich der Nistkolonie laute tschilpende Rufe wie „tschick" oder „tschuck", außerdem ein ständiges lautes Gezwitscher.

Vorkommen In Namibia mit Ausnahme des Küstenstreifens, in Botswana, der Westhälfte von Simbabwe sowie in Transvaal und der Nordhälfte der Kapprovinz. In trockenen Dornbusch- und Akaziensavannen, stellenweise häufig im Mopanewald.

Wissenswertes Der Mahaliweber lebt gesellig. Er brütet in zum Teil sehr großen Kolonien, auch in der Nähe menschlicher Siedlungen. Die Nester wirken sehr unordentlich. Das Gelege besteht aus 2 bis 3 Eiern.

3 Canabisweber Lesser Masked Weaver *Ploceus intermedia* (Ploceidae)

L 14–16 cm

Merkmale Männchen mit schwarzer Maske, das Schwarz über dem Oberschnabel erstreckt sich bis über das Auge hinaus auf den Scheitel; Augen weiß; Oberseite grünlich-gelb, Unterseite gelb; Weibchen oberseits gelblich oliv mit dunkler Strichelung, unterseits hell gelblich; Schnabel beim Männchen zur Brutzeit anthrazitfarben, außerhalb der Brutzeit und beim Weibchen hornfarben, Beine dunkel. Stimme: Gesang „schwätzend".

Vorkommen Afrika südlich der Sahara; in der gesamten Nordhälfte des Gebietes, im äußersten Osten an der Küste südlich bis Durban; Lebensraum: In Savannen, offenem Gelände, auf Farmland mit Gebüschgruppen und an Waldrändern; meist in der Nähe von Gewässern, aber auch in wasserlosen Gebieten der Kalahari und der Namib.

Wissenswertes Der Cabanisweber brütet oft auch in riesigen Kolonien, manchmal zusammen mit dem Maskenweber. Die Nester werden in Schilfbeständen oder Bäumen angelegt, oft auch in großen Akazien. Außerhalb der Brutzeit lebt die Art nomadisch. Dem Canabisweber sehr ähnlich ist der Maskenweber, *P. velatus*, englisch Masked Weaver, der im gesamten Gebiet lebt. Das Schwarz der „Maske" beim Männchen dieser Art reicht jedoch nur bis zur Stirn, nicht bis auf den Scheitel. Die Augen sind rot.

Vögel

1 Blutschnabelweber Red-billed Quelea *Quelea quelea* (Ploceidae)

L 12 cm

Merkmale Ein kleiner, sperlingsähnlicher Weber mit kurzem Schwanz; Männchen zur Brutzeit mit dickem, rotem Schnabel, Weibchen mit gelblichem Schnabel; Männchen im Brutkleid mit schwarzer „Gesichtsmaske": Kopfseiten und Kehle schwarz, Kopf und Vorderbrust rosa, im Ruhekleid ohne Schwarz am Kopf und ohne rosa Anflug im Gefieder; Weibchen mit hellen Wangen und heller Kehle; Iris braun; Beine rosa; Stimme: sperlingsähnlich „tschäpp-tschäpp", Tschilpen und Schwätzen in den Brutkolonien und im Schwarm.

Vorkommen Brutvogel im gesamten Gebiet mit Ausnahme der Küstennamib und der südlichen Kapprovinz. In Buschwäldern, Dornbusch- und Akaziensavannen.

Wissenswertes Der Blutschnabelweber brütet in riesigen Kolonien. Die einzelnen Nester sind aus Gras gefertigt. Sie sind rund mit seitlichem Eingang. Oft hängen mehrere Hundert Nester in einem einzigen Baum. Das Gelege besteht aus vier bis fünf hellblauen oder blauweißen, braun getüpfelten Eiern. Das Weibchen brütet und versorgt die Jungen überwiegend allein. Die Nahrung besteht vor allem aus Sämereien oder aus Termiten. Außerhalb der Brutzeit versammeln sich die Vögel zu gewaltigen Schwärmen, die mehrere Millionen Tiere umfassen können. Sie fallen dann zuweilen in Kulturlandschaften ein, wo sie großen Schaden verursachen können. Vermutlich gehört der Blutschnabelweber zu den häufigsten Vogelarten der Erde.

2 Oryxweber Red Bishop *Euplectes orix* (Ploceidae)

L 12,5 cm

Merkmale Ein auffällig rotschwarzer „Feuerweber"; Männchen im Brutkleid leuchtend orangerot mit schwarzem Vorderkopf, Flügel und Schwanz braun; im Schlichtkleid unscheinbar sperlingsähnlich; Schnabel des Männchens im Brutkleid schwarz, sonst wie beim Weibchen hornfarben; Iris braun; Beine braunrosa; Stimme: zwitschernde und tschilpende Rufe.

Vorkommen Im gesamten Gebiet mit Ausnahme von Nordnamibia (aber in der Etosha-Pfanne Brutvogel!), Zentralbotswana, einem schmalen Streifen in Westsimbabwe und Nordtransvaal. Zur Brutzeit in hohem Gras, Schilfbeständen, Vegetationsgürteln von Gewässern sowie in Zuckerrohr- und Maisfeldern. Nach der Brutzeit auch in offenen grasigen Savannen.

Wissenswertes Der Oryxweber lebt meist in kleinen Gruppen. Er baut ovale Nester mit seitlichem Eingang. Das Gelege besteht aus vier bis fünf Eiern. Oryxweber fressen überwiegend Grassamen. Im Gebiet erscheint auch der **Napoleonweber** (*E. afer*), der aber schwarzgelb gefärbt ist.

3 Malachitnektarvogel Malachite Sunbird *Nectarinia famosa* (Nectariniidae)

L Männchen 25 cm, Weibchen 13–15 cm

Merkmale Männchen unverkennbar leuchtend smaragdgrün mit verlängerten mittleren Schwanzfedern und gelben Federbüscheln an den Schulterseiten, die besonders zur Balzzeit zur Schau gestellt werden; außerhalb der Brutzeit braungrau mit langem Schwanz, grünen Flügeldecken und grünem Bürzel; Weibchen und Jungvögel oberseits bräunlichgrau, unterseits gelblich; Schnabel und Beine schwarz; Schnabel lang, dünn und abwärts gebogen, Stimme: ein heiseres „tschii-tschii", sehr kurzer, hell klingender Gesang.

Vorkommen In einem breiten Streifen in der südlichen Kapprovinz bis zum Oranje-Freistaat, Westnatal und Südtransvaal. Auf buschigen Hügeln im Bergland, alpinen Grasfluren, in trockenen Strauch- und Dornbuschsavannen, auch in Gärten und Parkland; oft an den Blüten von Eukalyptusbäumen.

Wissenswertes Der Malachitnektarvogel lebt gewöhnlich einzelgängerisch und nur zur Brutzeit paarweise. Gegenüber Artgenossen und anderen Nektarvögeln verhält er sich sehr aggressiv. Das kugelförmige Nest wird aus Gräsern und Spinnfäden gefertigt und mit Federn ausgelegt. Das Gelege besteht aus nur einem Ei. Die Vögel rütteln vor den Blüten verschiedener Pflanzen, meist von Bäumen, um nach Nektar zu suchen. Sie fangen aber auch Insekten aus der Luft.

Vögel

1 Schnabelbrustschildkröte Angulate Tortoise *Chersina angulata* (Testudinidae)

L 15–25 cm, max. 30 cm

Merkmale Nur mit einem Kehlschild, das bei ausgewachsenen Männchen über den Panzer hinausragt; Rippen- und Wirbelschilder in der Mitte gelbbraun mit hornfarbenen Wachstumsringen; Randschilder hornfarben; Bauchpanzer gelb.

Vorkommen In einem breiten Streifen entlang der Küste von East London um das Kap herum bis zur Mündung des Orange River; selten über 900 m Höhe. In sandigen Küstenregionen im Westen bis hin zu feuchten Küstenwäldern im Osten.

Wissenswertes Sie frißt überwiegend vegetarische Kost, aber auch Aas und Fleisch. Erwachsene Männchen errichten Territorien und sind Artgenossen gegenüber recht aggressiv. Mit dem verlängerten Kehlschild versuchen sie, den Gegner auf den Rücken zu drehen. Die Weibchen können alle vier bis sechs Wochen ein Ei ablegen. Die Jungen schlüpfen nach 3–14 Monaten.

2 Pantherschildkröte Leopard Tortoise *Geochelone pardalis* (Testudinidae)

L 35–40 cm, max. 72 cm

Merkmale Die größte Landschildkröte im südlichen Afrika; ausgewachsene Tiere werden mehr als 15 kg, angeblich sogar bis zu 40 kg schwer; der Rückenpanzer von jungen Exemplaren ist gelb mit schwarzen Flecken; im Alter wird der Panzer einfarbig gelb oder hornfarben mit gelben Flecken.

Vorkommen In Namibia mit Ausnahme der Wüste, in Botswana, Transvaal sowie der nördlichen und südlichen Kapprovinz, im westlichen Oranje-Freistaat nur spärlich vertreten. In Grasland im Gebirge, trockenem Buschland und Küstenebenen.

Wissenswertes Die Pantherschildkröte frißt überwiegend pflanzliche Nahrung, verschmäht jedoch auch Aas und Fleisch nicht. Während der Paarungszeit sind die Männchen untereinander recht angriffslustig und verfolgen Weibchen in ihren eigenen Bezirken hartnäckig. Nach der Kopulation legt das Weibchen 6–20 gut tischtennisballgroße Eier. Die Jungen schlüpfen zwischen 4 und 14 Monaten später.

3 Schwarze Speikobra Black-necked Spitting Cobra *Naja nigricollis* (Elapidae)

L 1,20–2,20 m, max. 2,80 m

Merkmale Eine Kobra mit breitem Kopf und gerundeter Schnauze; die nördliche Unterart *N. n. nigricollis* zeichnet sich durch einen schwarzen Rücken, eine gelblichrote Bauchseite und ein breites schwarzes Kehlband aus; die nordwestliche Unterart *N. n. nigricinctus* ist grau bis braunschwarz mit zahlreichen schwarzen Ringen; die südwestliche Rasse *N. n. woodi* hat einen schwarzen Rücken und einen dunkelgrauen Bauch.

Vorkommen Nördliche Rasse im Caprivi-Streifen, nordwestliche Rasse im Nordwesten Namibias und südwestliche Rasse in Südnamibia und der nordwestlichen Kapprovinz.

Wissenswertes Die Art ist bei einem Biß tödlich giftig. Speikobras können ihr Gift über 2 m weit spritzen. Gelangt es in die Augen, verursacht es große Schmerzen und vorübergehende oder bleibende Schäden. Zumindest sollten die Augen sofort mit reichlich Flüssigkeit ausgewaschen werden.

4 Felsenpython African Rock Python *Python sebae* (Colubridae)

L 3–5 m, max. 5,60 m

Merkmale Die längste Schlange Afrikas; im Gebiet kommt die südliche Unterart *P. s. natalensis* vor; hell- bis gräulichbraun; Rücken mit einem Muster aus dunkelbraunen und schwarzen Flecken; Bauch weiß, dunkelbraun oder schwarz gesprenkelt.

Vorkommen In Nordost-Namibia, Westbotswana, Simbabwe, Nord- und Osttransvaal, Natal und im Norden der Kapprovinz. In Ufergebüschen an Flüssen, Felshöhlen und Löchern in Termitenhaufen.

Wissenswertes Die Haut des Pythons eignet sich bestens zur Ledergewinnung. Daher war die Art im Bestand stark bedroht und wurde 1969 unter Schutz gestellt. Pythons fressen in der Jugend Ratten und Mäuse, später ernähren sie sich auch von Antilopen und Affen. Von Angriffen auf Menschen wird berichtet, sie sind aber äußerst selten.

Reptilien / Amphibien

1 Sudanschildechse Rough-scaled Plated Lizard *Gerrhosaurus major* (Cordylidae)

L 30–40 cm, max. 48 cm

Merkmale Eine große und kräftige Echse mit kurzem Kopf, rundlicher Schnauze und großen dunklen Augen; Oberseite hell gelblichbraun; Kehle cremefarben.

Vorkommen In Ostbotswana, Simbabwe, Osttransvaal und Ostnatal. Auf großen Felsen und Blockhalden, in trockenen, steinigen Flußbetten, Ritzen sowie Höhlen von Bäumen und Termitenhügeln.

Wissenswertes Die Sudanschildechse, auch Braune Schildechse genannt, frißt neben weichen Früchten und Blüten auch Tausendfüßer, Käfer und Heuschrecken.

2 Riesengürtelschweif Giant Girdled Lizard *Cordylus giganteus* (Cordylidae)

L 20–35 cm, max. 40 cm

Merkmale Der größte Gürtelschweif; große Teile des Körpers bedeckt mit einer eindrucksvollen „Rüstung" aus stacheligen Schuppen; Oberseite gelb bis dunkelbraun; Kopfseiten, Flanken und Bauch fahlgelb.

Vorkommen Beschränkt auf das Zentrum der Republik Südafrika: Oranje-Freistaat, Westtransvaal, Westnatal und nordöstliche Kapprovinz. In offenem Grasland.

Wissenswertes Im Gegensatz zu den meisten Gürtelschweifen, die auf Felsen leben, bevorzugt der Riesengürtelschweif offene Grassavannen. Er lebt in Kolonien, doch jedes einzelne Tier gräbt sich einen 1–3 m langen Bau.

3 Nilwaran Nile Monitor *Varanus niloticus* (Varanidae)

L 1–1,40 m, max. 2 m

Merkmale Die größte afrikanische Eidechse; stämmiger Körper mit kräftigen Beinen; verlängerte Schnauze; oberseits graubraun bis olivbraun, unterseits gelb mit schwarzen Querstreifen; Jungtiere viel bunter und kontrastreicher als die Ausgewachsenen.

Vorkommen Im Caprivi-Streifen, in Nordbotswana, Simbabwe, Transvaal, Natal und der östlichen Kapprovinz. Immer in unmittelbarer Nähe von Gewässern.

Wissenswertes Der Nilwaran lebt amphibisch. Er schwimmt hervorragend. Gegen Feinde setzt er sich durch Schwanzschläge erfolgreich zur Wehr. Er plündert die Nester von Nilkrokodilen, wird aber auch von Krokodilen gefressen. Er legt seine Eier in Termitenhügeln ab.

4 Steppenwaran Rock Monitor *Varanus exanthematicus* (Varanidae)

L 70–110 cm, max. 1,32 m

Merkmale Kleiner sowie insgesamt heller und grauer als der Nilwaran; Rücken gelb und braun gefleckt; Bauch gelblichgrau.

Vorkommen Im ganzen südlichen Afrika mit Ausnahme der Namib-Wüste und der südwestlichen Kapprovinz.

Wissenswertes Der Steppenwaran lebt in selbstgegrabenen Bodenlöchern oder aufgegebenen Säugerbauen. Die Männchen sind sehr territorial. Die Paarung ist ausgesprochen kämpferisch, Männchen und Weibchen umschlingen, beißen und kratzen einander vor der Begattung.

5 Nilkrokodil Nile Crocodile *Crocodylus niloticus* (Crocodylidae)

L 2,50–3,50 m, max. 5,60 m

Merkmale Die einzige Krokodilart im Gebiet; unverkennbar; bis zu 1 t schwer.

Vorkommen In den Einflußbereichen der Flüsse Kunene (Nordnamibia), Okavango und Chobe (Botswana); weit verbreitet in Simbabwe; in Südafrika lebensfähige Bestände nur noch in den Schutzgebieten von Natal und im Krüger-Nationalpark. Fließgewässer und Überschwemmungsgebiete.

Wissenswertes Die Weibchen betreiben Brutpflege und bewachen das Nest mit den Eiern. Die Jungen ernähren sich von Insekten, Krebsen, Schnecken und Fröschen. Alte Nilkrokodile fressen Wasservögel, Otter, Warzenschweine, Antilopen sowie Artgenossen und sogar Menschen. Eine große Beute wird mit den Zähnen gepackt, wobei durch Drehen des Körpers um die Längsachse Stücke herausgerissen werden.

Reptilien / Amphibien

1 Lappenchamäleon Flap-neck Chamaeleon *Chamaeleo dilepis* (Chamaeleonidae)

L 20–24 cm, max. 35 cm

Merkmale Grundfarbe des Weibchens gewöhnlich kräftig grün mit weißem Seitenstreifen; Männchen kleiner und heller gefärbt; Farbe kann bis nach dunkelbraun gewechselt werden; Kopf helmförmig, hinten mit zwei Lappen; auf dem Rücken ein Saum aus erhabenen Schuppen; ein weiterer solcher Saum über die gesamte Bauchlänge.

Vorkommen In Nordost-Namibia, Botswana, Simbabwe, Transvaal und der nördlichen Kapprovinz. In Grasebenen.

Wissenswertes Im Frühjahr sind die Männchen des Lappenchamäleons auf der Suche nach einem Weibchen sehr wanderlustig. Die Paarung wird schnell und ohne große Vorbereitung eingeleitet und kann bis zu einer Stunde dauern. Das Weibchen gräbt eine bis zu 20 cm tiefe Höhle, in der die 30–50 ovalen Eier abgelegt werden. Nach 6–14 Monaten schlüpfen die Jungtiere. Chamäleons erbeuten ihre Nahrung mit der klebrigen Zunge, die sie blitzartig herausschnellen können.

2 Bibron-Dickfingergecko Bibron's Gecko *Pachydactylus bibronii* (Geckonidae)

L 15–19 cm, max. 21 cm

Merkmale Breiter Kopf; großer kräftiger Rumpf mit gekielten Schuppen; Rücken dunkel hautfarben, graubraun oder purpurschwarz mit 4–5 dunklen, gewellten Querbändern und mit einzelnen weißen Flecken.

Vorkommen Weit verbreitet und häufig; fast im gesamten Gebiet mit Ausnahme des Okavango-Deltas, der Hochebenen von Transvaal und des Inneren von Natal.

Wissenswertes Die Art ist sehr gesellig, manchmal leben 20 Tiere in einer Höhle. Dennoch gibt es Kämpfe unter den Männchen. Der Bibron-Dickfingergecko ist überwiegend nachtaktiv, kann aber auch häufig am Tage beobachtet werden. Die Nahrung besteht aus Käfern, Heuschrecken und Termiten. Das Weibchen legt zwei weichschalige Eier, oft zusammen mit anderen Weibchen, an einen gemeinschaftlichen Nistplatz.

3 Wüstengecko Web-footed Gecko *Palmatogecko rangei* (Geckonidae)

L 10–12 cm, max. 14 cm

Merkmale Unter der durchscheinenden Haut Blutgefäße, Organe und Skelett „sichtbar"; zylindrischer Körper mit dürren Beinen; Oberseite rosa bis rosabraun mit netzartiger dunkelbrauner Zeichnung; zwischen den Vorder- und Hinterzehen „Schwimmhäute"; Auge groß, mit senkrechter, rahmfarbener Iris und gelbem Augenring.

Vorkommen Fast ausschließlich in den Dünen der Namib-Wüste.

Wissenswertes Wüstengeckos verbringen den Tag in einer selbstgegrabenen bis zu 50 cm langen Höhle. Nachts gehen sie auf der Jagd nach kleinen Insekten und Spinnen. Hin und wieder fahren sie sich mit der langen, fleischigen Zunge über die Augen und den Kopf, um dort klebengebliebene Sandkörner zu entfernen. Das Weibchen legt zwei hartschalige, zerbrechliche Eier in einer kleinen Grube im Sand ab. Nach drei Monaten schlüpfen die Jungen.

4 Sandgecko Giant Ground Gecko *Chondrodactylus angulifer* (Geckonidae)

L 13–16 cm, max. 18 cm

Merkmale Sehr großer Gecko; Kopf groß und gedrungen; Körper stämmig mit dünnen Beinen; Farbe sehr variabel, Rücken gelbbraun, grau oder fahl orange mit netzartigem Muster, Bauch rosaweiß; Bodenbewohner, keine Haftballen oder -lamellen.

Vorkommen Eine endemische Art des südwestlichen Afrikas; zwei Unterarten: *C. a. angulifer* lebt in Südnamibia, im Südwestzipfel Botswanas und in der südwestlichen Kapprovinz, *C. a. namibensis* kommt nördlich davon in der Küstennamib bis zur Grenze nach Angola vor. Auf Geröllflächen und Sandflächen in der Wüste.

Wissenswertes Die aggressiven Männchen verteidigen ihr Revier sehr couragiert. Sie greifen auch größere Tiere und angeblich sogar Menschen an. Die Weibchen legen während der Sommermonate zwei Eier. Die Nahrung besteht aus Käfern, Termiten, Nachtfaltern, Skorpionen und Spinnen.

Reptilien / Amphibien

1 Gesprenkelter Kurzkopffrosch Bushveld Rainfrog *Breviceps adspersus (Microhylidae)*

L 6 cm

Merkmale Kurzer Kopf mit stumpfem Maul; Körper bauchig, eher krötenartig; bei Bedrohung aufgeblasen; Beine sehr kurz; Oberseite dunkelbraun mit gelben oder gelborangefarbenen Flecken; Unterseite weiß, manchmal mit rosa Anflug; auffällig große Grabhöcker an den Fersen; horizontale Pupillen; Stimme: ein kurzer schwirrender Pfiff, lange Zwischenräume zwischen den Rufen.

Vorkommen Im gesamten südlichen Afrika. In Buschsavannen, Trockenwaldbeständen und sogar Halbwüsten.

Wissenswertes Mit ihren kurzen Beinen und ihrer „aufgeblasenen Gestalt" sind die Tiere nicht in der Lage zu springen, sondern lediglich zu laufen. Die südafrikanischen Kurzkopffrösche der Gattung *Breviceps* sind vermutlich die vom Wasser unabhängigsten Frösche überhaupt. Die Tiere leben oft mehrere Kilometer von jeglichen Gewässern entfernt in ausgescharrten Löchern und unter Steinen und gelangen dann niemals ins offene Wasser. Auch ihre Fortpflanzung ist vom Wasser unabhängig. Die Tiere paaren sich auf dem Lande. Dabei hängen Männchen und Weibchen so fest zusammen, daß man sie nicht voneinander lösen kann, ohne sie zu verletzen. Bei der gewaltsamen Trennung eines Paares würde die Haut des Weibchens derart gedehnt, daß es zu bluten anfinge. Das Weibchen legt die Eier in Erdhöhlen ab. Die gesamte Larvenentwicklung findet innerhalb der Eikapseln statt.

2 Gesprenkelter Grabfrosch Giant Bullfrog *Pyxicephalus adspersus (Ranidae)*

L 25 cm

Merkmale Eine der größten Froscharten überhaupt, erreicht bis 1 kg Körpergewicht; gedrungene Gestalt; kurzer, breiter Kopf mit tief eingeschnittenem Maul; dunkel olivgrün, Bauch gelblich, rötlichgelbe „Achseln" und „Leisten"; große Fersenhöcker; mehrere Längsleisten auf dem Vorderrücken; Jungtiere heller grün mit schwarzen Stippen; Stimme: ein tiefer brüllender Ruf, der über eine Sekunde andauert.

Vorkommen In Zentral- und Südafrika. An Ufern kleinerer Seen und langsam fließender Flüsse mit ruhigen Buchten.

Wissenswertes Der Gesprenkelte Grabfrosch ist tag- und nachtaktiv und mit seiner grünen Farbe gut in der Vegetation getarnt. Dort lauert er auf Beute. Vor allem erwachsene Tiere erbeuten nicht nur Insekten, sondern auch Frösche, Fische, Mäuse und Ratten. Die Beutetiere werden im ganzen verschlungen. Zur Paarungszeit finden sich die Partner in Gewässern ein. Sie laichen im seichten Wasser. Die Kaulquappen schlüpfen nach vier bis sieben Tagen. Nach etwa fünf Wochen ist die Entwicklung zum Frosch abgeschlossen. Die jungen Grabfrösche steigen aus dem Wasser und halten sich an feuchten Stellen an Land auf. Sie fressen überwiegend kleine Insekten und Spinnen. Zu Beginn der Trockenperiode graben die Frösche über 1 m tiefe Löcher, in denen sie die ungünstige Jahreszeit überdauern. Der Gesprenkelte Grabfrosch kann ein Alter von über zehn Jahren erreichen. Der ähnliche **Afrikanische Ochsenfrosch** *(Pyxicephalus edulis)* hat einen dunkel grünbraunen Rücken mit schwärzlichen Punkten.

3 Pantherkröte Leopard Toad *Bufo regularis (Bufonidae)*

L 10–14 cm

Merkmale Auf den ersten Blick froschähnlich, aber mit deutlichen Warzen; Oberseite beigebraun mit dunkelbraunen Flecken, die von feinen gelblichen Rändern begrenzt sind; Unterseite hellbeige.

Vorkommen Im südlichen Afrika mit Ausnahme der Kapregion; vermutlich die in Afrika am weitesten verbreitete Krötenart. Am Ufer von Flüssen, Seen und Tümpeln.

Wissenswertes Die Eiablage erfolgt im Gebiet von August bis Januar, ein Weibchen soll 24.000 Eier auf einmal legen können. Die Kaulquappen entwickeln sich ziemlich langsam. Trotz ihrer auffälligen Färbung verstehen es die Pantherkröten, sich gut vor ihren Feinden zu tarnen, und führen ein sehr verstecktes Leben. In der Regel halten sich die erwachsenen Tiere außerhalb des Wassers auf, vermögen aber ganz ausgezeichnet zu schwimmen. Nur zur Eiablage kehren sie in die Laichgewässer zurück.

Reptilien / Amphibien

1 Glanzstirnskorpion
Smooth-head Digging Scorpion *Opisthophthalmus glabifrons* (Scorpionidae)

L 5–12 cm
Merkmale Körper sehr robust gebaut; lange und kräftige Scheren; kleiner Schwanz; Körper braun oder braungelb mit fahlen Beinen; Stich schmerzhaft, aber nicht tödlich für Menschen.
Vorkommen Im südlichen Afrika weit verbreitet. In selbstgegrabenen, spiralförmigen Höhlen.
Wissenswertes Bei den Skorpionen gilt eine Faustregel: große Scheren = kleiner Stachel = wenig gefährlich für Menschen, und umgekehrt. Folgerichtig ist diese Art mit ihren großen Scheren relativ ungefährlich.

2 Transvaal-Dickschwanzskorpion
Black Hairy Thick-tailed Scorpion *Parabuthus transvaalicus* (Buthidae)

L 9–11 cm
Merkmale Sehr dunkel braun oder schwarz; Scheren relativ klein; Schwanzteil dick; Stachelsegment so breit wie der Schwanz; Stachel groß; Stich sehr giftig; offenbar kann die Art ihr Gift auch über einige Entfernung hinweg verspritzen; nachtaktiv.
Vorkommen In den nördlichen Bereichen des Gebiets; meidet Gegenden mit größeren Regenfällen. Tagsüber in flachen Höhlen unter Steinen.
Wissenswertes Skorpione sind eine Ordnung der landlebenden Spinnentiere und mit 700 Arten überwiegend in den Trockengebieten der Tropen und Subtropen verbreitet. Das Balzritual der Skorpione, bei dem sich Männchen und Weibchen bei den Scheren fassen, wirkt wie ein Hochzeitstanz. Bei den meisten Arten sprengen die Jungen kurz nach der Eiablage die Eihülle und klettern auf den Rücken des Weibchens. Sie werden bis nach der zweiten Häutung getragen. Der Giftstachel der Skorpione wird zum Beutefang, aber auch zur Feindabwehr eingesetzt. Skorpione sind nicht angriffslustig. Wenn sie sich jedoch angegriffen fühlen, drohen sie mit erhobenen Scheren und über den Kopf nach vorn gehaltenem Stachel. Bei starker Erregung schlagen sie mit dem Stachel wild um sich. Das Gift der meisten Skorpionarten wirkt neurotoxisch, zerstört also Nervengewebe.

3 Spaltenjagdspinne
Wall Crab Spider *Selenopida* spec. (Selenopidae)

L 12–20 mm
Merkmale Braun und grau gesprenkelt; Körper abgeflacht; Hinterleib herzförmig; mit seitwärts gestellten Beinen.
Vorkommen In Mauerverstecken.
Wissenswertes Die Jagdspinnen sind mit über 700 Arten über die warmen Länder verteilt. Sie bauen keine Netze, sondern sind schnelle, angriffslustige Jäger, die meist bei Nacht Beute machen.

4 Braune Witwe
Brown Button Spider *Latrodectus geometricus* (Theridiidae)

L 7–10 mm
Merkmale Cremefarben bis braunschwarz, fahlere Exemplare haben weiße bis orangefarbene geometrische Muster auf der Oberseite, die in der Mitte und am Rand dunkler sind; auf der Bauchseite eine orangerote, uhrglasförmige Zeichnung; Beine lang und sehr spitz zulaufend, kleine, steife Härchen auf dem letzten Beinpaar; Netz mit Signalfäden, die zu einem gewebten, undurchsichtigen, tunnelartigen Versteck führen; Eikokon rund.
Vorkommen Relativ häufig auf Ödland, in bewohnten Gegenden auch Kulturfolger.
Wissenswertes Im Gebiet leben auch einige verwandte Arten der Braunen Witwe, die man als **Schwarze Witwe** bezeichnet (z.B. *L. renivulvatus*, *L. indistinctus*). Sie alle sind schwarz mit gelben oder roten Zeichnungen auf der Hinterleibsoberseite und einer uhrglasförmigen, orangeroten Zeichnung auf der Bauchseite. Ihr Gift ist jedoch erheblich gefährlicher als das der Braunen Witwe. Ob es für Menschen tödlich sein kann wie das der echten **Schwarzen Witwe** (*L. mactans*), kann bezweifelt werden. Der Name rührt daher, daß die Weibchen nach der Begattung das kleinere Männchen auffressen.

Wirbellose

1 Erntetermite Harvester Termite *Hodotermes* spec. *(Hodotermitidae)*

L ca. 1 cm

Merkmale Körper deutlich in Kopf, Brustabschnitt und Hinterleib gegliedert; Arbeiter und Soldaten mit stark pigmentierter Haut, Komplexaugen und sehr langen Beinen; auffällig lange Fühler.

Vorkommen In der östlichen Hälfte des südlichen Afrikas. In Baumsavannen, Steppen und Halbwüsten.

Wissenswertes Termiten werden oft auch als „Weiße Ameisen" bezeichnet. Sie stehen jedoch den Schaben viel näher als den Ameisen. Ihre dauerhaften und hochentwickelten Gemeinschaften weisen eine ausgeprägte Arbeitsteilung auf, die durch ein regelrechtes Kastensystem bedingt ist. Der Termitenstaat besteht gewöhnlich aus einem Paar Geschlechtstieren, dem König und der Königin, sowie Arbeitern und Soldaten. Erntetermiten bauen keine Hügel. Ihre zum Teil sehr großen Kolonien werden grundsätzlich unterirdisch angelegt. Die Arbeiter benutzen breite Tunnelgänge, um Pflanzen einzusammeln. Sie entblättern die Pflanzen und beißen dann die Stengel in kurze Stücke. Vor dem Nesteingang werden die Halmstücke abgelegt, so daß bisweilen Haufen von 10–20 cm Durchmesser und 1 m Höhe entstehen. Die Pflanzenteile werden nach und nach in den Bau getragen.

2 Wanderheuschrecke Migratory Locust *Locusta migratoria* *(Acrididae)*

L 3–6 cm

Merkmale Farbe überwiegend gelbbraun, hell gefleckt; Flügel lang; Fühler kurz.

Vorkommen In den trocken-heißen Gebieten der gesamten Alten Welt; in mehreren Rassen in ganz Afrika.

Wissenswertes Es gibt neun bis zehn verschiedene Heuschreckenarten auf der Erde, die als „Wanderheuschrecken" gelten. *Locusta migratoria* ist die häufigste von ihnen. Sie alle kommen in zwei Lebensphasen vor: Die Tiere der Solitärphase leben – wie alle übrigen Feldheuschrecken – verstreut und mehr oder weniger an einen Ort gebunden. Dagegen sind die Tiere der Schwarmphase von einem Geselligkeits- und Nachahmungstrieb bestimmt. Erst nach Erreichen einer hohen Populationsdichte beginnen die Tiere zu wandern. Nur in wenigen begünstigten Gebieten der Erde kommt es zu solchen Massenvermehrungen. Nach der letzten Häutung sind die Heuschrecken flugfähig. Ihre Wanderrichtung wird dann von der Windrichtung bestimmt. Die Schwärme können eine Ausdehnung von 5–12 km^2 erreichen und bestehen aus 700 Mio. bis 2 Mrd. Tieren. Es gab auch schon Schwärme von 250 km^2 Größe und 35 Mrd. Tieren.

3 Dünenkäfer Tenebrionid Beetle *Onymacris plana* *(Tenebrionidae)*

L bis 2 cm

Merkmale Ein ziemlich großer, verhältnismäßig flacher, schwarzer Dünenkäfer mit einem wachsähnlichen Überzug; Flügeldecken mit Längs- und Querleisten.

Vorkommen Beschränkt auf die Dünen der Namib-Wüste; häufig bei Homeb, Sossusvlei und in der Walvis Bay. Lebt gewöhnlich mehr am Fuße der Dünen.

Wissenswertes Den Lebensraum der großen Namib-Sanddünen teilen sich mehrere *Onymacris*-Arten: *O. rugatipennis* lebt im flachen Gelände vor dem Dünenfuß, *O. laeviceps* besiedelt die Vegetation am Dünenfuß, und *O. unguicularis* lebt auf dem Dünenkamm. Er ist der berühmte „Nebeltrinker". In einer Art Kopfstand hält er den Hinterleib in den Küstennebel der Namib. Das kondensierte Wasser läuft an seinem Körper nach unten zum Kopf und kann dann getrunken werden. Jede dieser Arten besetzt also gleichsam eine „ökologische Nische".

4 Elfenbein-Dünenkäfer Tenebrionid Beetle *Stenocara eburnea* *(Tenebrionidae)*

L 7 mm

Merkmale Auffällig schwarzweiß mit schwarzem Kopf und Brustschild und weißem Hinterleib; Beine ziemlich lang.

Vorkommen Nur in der Namib-Wüste.

Wissenswertes Mit ihren langen Beinen können sie wie auf Stelzen über den heißen Dünensand laufen.

Wirbellose

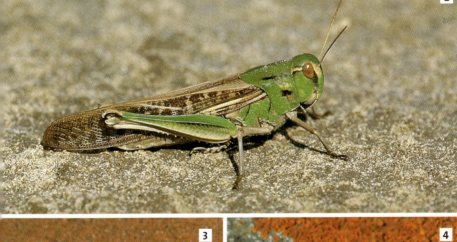

1 Pillendreher Dung Beetle *Scarabaeus* spec. *(Scarabaeidae)*

L 3 cm

Merkmale Schwarz, mit metallischem Glanz; Form rundlich; Vorderbeine stark verbreitert mit mehreren Zacken; Fühler am Ende fächerartig mit Lamellen.

Vorkommen Überall in der Nähe von Kühen, Schafen, Ziegen oder von wildlebenden Huftieren.

Wissenswertes Der frische Dung verschiedener Huftiere wird von den Käfern zu einer Kugel geformt, die mit Vorderbeinen und Kopfschild geglättet wird. Dabei beeilen sie sich sehr, denn unter der heißen Sonne würde der Dung schnell austrocknen und wäre dann als Nahrung für die Käfer und die Brut nicht mehr geeignet. Beim Transport des Kotballens liegen die beiden hinteren Beinpaare auf der Kugel, während der Käfer sich auf seine Vorderbeine stützt. Sozusagen im Rückwärtsgang rollt er die Pille dann bis zu 15 m weit weg. Gegen Artgenossen werden die Pillen verteidigt. Hat er eine Stelle von geeigneter Bodenbeschaffenheit und -feuchtigkeit erreicht, gräbt er die Kugel in die Erde ein. Dungpillen werden von Käfern beider Geschlechter gerollt. Pillendreher stellen zwei Sorten von Kugeln her: „Nahrungspillen" für die Ernährung der Altkäfer und Kugeln, die als Nahrung für die Larven dienen und in einer Brutkammer vergraben werden. Diese Kammer hat die Form einer Birne und ist so groß wie eine Faust. Ihre Herrichtung ist Sache des Weibchens. In die Spitze der Brutbirne legt das Weibchen ein einziges Ei.

2 Tsetsefliege Tsetse Fly *Glossina* spec. *(Muscidae)*

L 1 cm

Merkmale Stechrüssel in Ruhestellung waagerecht nach vorn gehalten; Farbe bräunlichgrau bis schwärzlichgrau; zungenförmige Flügel, in Ruhe übereinanderliegend.

Vorkommen In Baumsavannen und Galeriewäldern im tropischen und subtropischen Afrika; durch Bekämpfungsmaßnahmen in weiten Teilen des früher mehr als 10 Mio. km² umfassenden Verbreitungsgebiets ausgerottet.

Wissenswertes Tsetsefliegen sind vor allem in der Abenddämmerung aktiv. Blitzschnell fliegen sie ihre Wirtstiere an, um in kurzer Zeit mit dem Stechrüssel ein Mehrfaches des Körpergewichts an Blut aufzunehmen. Im Gegensatz zu den meisten Zweiflüglern entwickeln sich die Larven in einem gebärmutterähnlichen Organ im Hinterleib des Weibchens bis zur Puppenreife. Nach etwa zehn Tagen werden die Puppen geboren und graben sich in den Boden ein. Nach einem weiteren Monat schlüpfen die fertigen Fliegen. Tsetsefliegen übertragen die Erreger der Schlafkrankheit auf den Menschen und der Naganaseuche auf das Vieh.

3 Malariamücke Mosquitoe *Anopheles* spec. *(Culicidae)*

L 8 mm

Merkmale Von den übrigen Stechmücken etwa der Gattung *Culex*, die ihren Körper parallel zur Unterlage halten und den Stechrüssel nach unten abknicken, kann man die sitzende Malariamücke an ihrer Körperhaltung unterscheiden: Rüssel und Körper bilden eine gerade Linie, die schräg zur Unterlage verläuft.

Vorkommen An und in Seen, Teichen, Tümpeln, Wasserlöchern und Regentonnen überall in den Tropen und Subtropen.

Wissenswertes Die Fiebermücken werden wegen der rüssellangen Kieferntaster, die zusammen mit dem Stechrüssel eine dreizinkige Gabel bilden, auch „Gabelmücken" genannt. Die Weibchen ernähren sich durch Blutsaugen an Wirbeltieren und übertragen durch den Stich die Erreger der Malaria, Blutparasiten der Gattung *Plasmodium*, auf den Menschen. Die Männchen stechen nicht. Die Malaria gilt als gefährlichste parasitäre Erkrankung des Menschen und tritt heute fast ausschließlich in den Tropen und Subtropen auf. Etwa 200 Mio. Menschen sind dauererkrankt, 1 Mio. Todesfälle gibt es jährlich. Seit langem kann man die Malaria durch Chemotherapeutika bekämpfen, doch sind die Erreger zunehmend resistent geworden, so daß die Krankheit heute eher weiter zunimmt. Über Malaria-Infektionsgebiete und über die sinnvollste Art der Malariaprophylaxe geben Tropeninstitute und Zentren für Reisemedizin sichere Auskunft.

Wirbellose

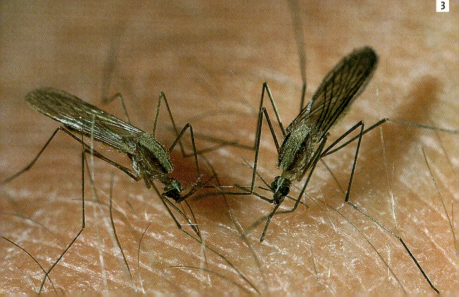

1 Natal-Aloe Natal Aloe *Aloe spectabilis* (Liliaceae)

H 2–4 m

Merkmale Eine von mehreren „baumförmig" wachsenden Aloe-Arten des Gebietes; „Stamm" mit einem dichten „Bart" von alten trockenen Blättern bedeckt; Blätter aufwärts gebogen, dunkelgrün, oft rot angehaucht, mit einer rotbraunen Seitenlinie, kräftig gezähnt; Knospen orangerot; Blüten goldgelb, Blütenstand bis zu dreifach verzweigt, Blütezeit im Juli.

Vorkommen Auf den Küstenbereich des zentralen Natal beschränkt. In trockengefallenen Flußbetten, auf sandigen Abhängen und Hügeln.

Wissenswertes Die **Bitter-Aloe** (*A. ferox*) ist ähnlich, hat aber längere Zähne an den Blatträndern, eine weniger dichte Blattrosette, und die Spitzen der Blütenhülle sind innen nicht braun, sondern purpurschwarz. Bei *A. candelabrum* sind sie weiß.

2 Bulbinelle Broad-leaved Bulbine *Bulbinella latifolia* (Liliaceae)

H bis 1 m

Merkmale Blätter leuchtend blaßgrün, lineal, parallelnervig, in einer basalen Rosette; ährenförmiger Blütenstand bis 1 m hoch, Blüten gelb bis gelborange; Staubblätter nicht behaart.

Vorkommen Vom südlichen Namaqualand bis zur Kaphalbinsel. Nur in zeitweise feuchten, trockenen und felsigen Arealen.

Wissenswertes Diese Art ist eine von 16 *Bulbinella*-Arten im südlichen Afrika, von denen vier im Namaqualand vorkommen.

3 Feuerball-Lilie
Snake Lily oder Fireball Lily *Scadoxus multiflorum* = *Haemanthus multiflorum* (Amaryllidaceae)

H 90 cm

Merkmale Pflanze wächst unterirdisch aus einer Knolle; die Blätter bilden eine Art Stamm; Stengel des Blütenstandes am Grund rot gepunktet; Blütenstand bis zu 20 cm im Durchmesser; Früchte leuchtend rot; Blütezeit von Oktober bis Januar.

Vorkommen Im Osten des südlichen Afrikas. Von der Ebene bis ins Gebirge.

Wissenswertes Ähnlich ist die **Blutlilie** (*S. puniceus*). Sie hat längere Blätter und einen Blütenstand mit geringerem Durchmesser. Sie wächst an schattigeren Standorten in Arealen mit Sommerregen.

4 Babiana Babiana *Babiana curviscapa* (Iridaceae)

H 30 cm

Merkmale Eine mehrjährige krautige Pflanze; Stengel unverzweigt oder mit ein oder zwei horizontal wachsenden Nebenstengeln; die 5–7 gerippten, kurz behaarten Blätter sind lanzettlich; Blüten zahlreich, blau bis blauviolett, aufrecht wachsend, die unteren Blütenblätter mit weißen Markierungen am Grund.

Vorkommen In der westlichen Kapprovinz. In flachen, sandigen Gebieten.

Wissenswertes Die Früchte dieser Art sind eßbar. Es gibt insgesamt 63 *Babiana*-Arten im südlichen Afrika.

5 Strelitzie oder Paradiesvogelblume Crane Flower *Strelitzia reginae* (Strelitziaceae)

H 2 m

Merkmale Eine üppige, krautige Pflanze; die Blattscheiden der üppigen Blätter bilden Scheinstämme, die sogar verholzen können; Blüte orangegelb, groß und prächtig, Blüten stehen in Winkeln und werden von einem lilablaugrauen Hochblatt überragt; zwei der sechs Blütenhüllblätter umschließen pfeilförmig den Griffel und die 5 Staubblätter.

Vorkommen In der östlichen Kapregion. In Buschland.

Wissenswertes Die Familie der *Strelitziaceae* ist benannt nach Charlotte v. Mecklenburg-Strelitz, der Gattin König Georgs III. von England. Sie umfaßt vier Gattungen mit insgesamt 60 Arten. Die Gattung *Strelitzia* ist mit vier Arten vertreten, die alle im südlichen Afrika vorkommen. Sie sind geschätzte Zierpflanzen.

Wildblumen

1 Langknospen-Protea Long-bud Protea *Protea aurea* (Proteaceae)

H bis 5 m

Merkmale Eine immergrüne Pflanze; Borke braun; Blätter dunkelgrün, elliptisch; Knospe lang und schlank, wie eine grüne Kerze; Blüten weiß, zuweilen rosa; Blütenstände bis 10 cm lang und 6 cm im Durchmesser; Deckblätter silbergrün mit braunen Rändern.

Vorkommen Nur in der dichten „Kapmacchie", dem Fynbos der südlichen Kapregion. An kühlen, nebligen Standorten.

Wissenswertes Die Familie der *Proteaceae* kommt in den Tropen und Subtropen der gesamten südlichen Hemisphäre vor. Sie ist ein Bindeglied der Floren von Australien, Afrika und Südamerika.

2 Nadelkissen Pincushion *Leucospermum* spec. (Proteaceae)

H 3–5 m

Merkmale Runder kopfförmiger Blütenstand, der aber nicht wie bei den *Protea*-Arten von farbigen Deckblättern umgeben ist. Die langlebigen Blüten sind zuerst meist gelb, später werden sie rot oder rotbraun.

Vorkommen Im äußersten Süden der Kapprovinz regelmäßig anzutreffen. Oft in Meeresnähe.

Wissenswertes Insgesamt beläuft sich die Anzahl der *Leucospermum*-Arten in Südafrika auf 47.

3 Königsprotea Giant Protea *Protea cynaroides* (Proteaceae)

H 2 m

Merkmale Pflanze mit aufrechtem Stamm, der aus einem unterirdischen hölzernen Wurzelstock wächst; Borke braun; immergrün, Blätter rundlich und glatt, an langen Stengeln; Blüten umgeben von einem Kelch lebhaft gefärbter Deckblätter; Blütenstand bis 30 cm im Durchmesser; Deckblätter blaß rosa, zuweilen mit weichen, weißen Härchen; sehr variabel, es treten auch Exemplare mit überwiegend gelb gefärbten Deckblättern auf.

Vorkommen Im Süden der Kapprovinz; bis in 1.000 m Höhe.

Wissenswertes Die Königsprotea ist die Nationalblume der Republik Südafrika und die bekannteste Art der Gattung. Die strauchartig wachsenden Arten der Kapregion sind sehr großblütig und farbenfreudig, während die in Transvaal und Natal heimischen Arten sich meist zu kleinen Bäumen mit unscheinbaren Blüten entwickelt haben. Ihren Namen verdankt diese Gruppe dem Meeresgott Proteus.

4 Lebende Steine Stone Plant *Lithops marmorata* (Mesembryanthemaceae)

H wenige cm

Merkmale Kugelförmiger Pflanzenkörper aus zwei verschmolzenen, dickfleischigen Blättern, dazwischen eine schmale Spalte; grün mit marmorierter Zeichnung, die einen Flechtenaufwuchs auf Steinen vortäuschen soll; Pflanzen einzeln oder in Gruppen.

Vorkommen In trocken-heißen Wüsten- und Halbwüstenregionen im Westen des südlichen Afrikas.

Wissenswertes Die Pflanzen sind in der Natur bis auf die lichtdurchlässige Oberseite im Boden versenkt, um die Austrocknung herabzusetzen.

5 Mittagsblumen *Mesembryanthemum* spec. (Mesembryanthemaceae)

H bis 20 cm

Merkmale Sukkulente Pflanzen; meist flach und in dichten Polstern wachsend; Blätter wasserspeichernd, oft mit samtartigem Überzug; Blüten im Verhältnis zur Größe der Pflanze sehr groß, in nahezu allen Farben.

Vorkommen Im gesamten südlichen Afrika.

Wissenswertes Die Familie der Mittagsblumengewächse umfaßt rund 2.000 Arten, von denen die meisten in Südafrika vorkommen. Die wichtigsten südafrikanischen Gattungen sind *Lampranthus* mit 216 Arten, *Drosanthemum* mit 109 Arten, *Ruschia* mit 370 Arten, *Cheiridopsis* mit 105 Arten sowie *Lithops*, die Lebenden Steine, mit ca. 80 Arten.

1 Narakürbis Nara *Acanthosicyios horridus* (Cucurbitaceae)

H 1 m

Merkmale Strauchartig wachsend; die Pflanze bildet verfilzte Dickichte, die mehrere Meter im Durchmesser erreichen; Zweige längsgefurcht, ohne Blätter, dafür mit paarigen, gegenständigen Dornen; Pflanze zweihäusig, Blüten gelb oder grünlichgelb; Früchte zuerst hellgrün, dann gelb, später orangegelb, mit spitzen Buckeln, bis 1,3 kg schwer.

Vorkommen Endemisch in der westlichen Namib-Wüste. Auf Sanddünen mit Verbindung zum Grundwasser.

Wissenswertes Die Früchte des Narakürbisses wurden schon in prähistorischer Zeit genutzt. Darauf deuten 8.000 Jahre alte Samenschalen hin, die in der Nähe des Kuiseb-Flusses gefunden wurden. Das Fruchtfleisch wird von Buschleuten frisch gegessen und ist wegen des hohen Wassergehaltes sehr begehrt. Es kann auch haltbar gemacht werden, indem man es kocht und in Streifen an der Sonne trocknet. Die cremefarbenen Samen haben einen hohen Fettanteil. Sie können eine Zeitlang aufbewahrt werden.

2 Tsamma-Melone Tsamma *Citrullus lanatus* (Cucurbitaceae)

H kriechend

Merkmale Eine einjährige, krautige Pflanze, kriechend, mit bis zu 3 m langen Ausläufern; Ranken mehrfach verzweigt; Blätter gräulichgrün, am Grund herzförmig, tief gelappt und rauh; Blüten gelblich; Früchte aufgeblasen, blaßgrün oder graugrün, mit unregelmäßigen dunkelgrünen Bändern.

Vorkommen Weitverbreitet im Grasland und in Buschsavannen; oft an stark vom Menschen beeinflußten Stellen, zeitweise ein häufiges „Ackerunkraut".

Wissenswertes Die Früchte werden gern von Braunen Hyänen gefressen, die die Samen mit Hilfe ihrer Verdauung verbreiten.

3 Buschmannkerze Bushman's Candle *Sarcocaulon marlothi* (Geraniaceae)

H 1,5 m

Merkmale Ein aufrechter Strauch; Zweige dick mit kurzen, sukkulenten Seitenzweigen und zurückgebogenen Dornen; Blätter nierenförmig; Blüten mit 5 dunkelrosa- bis lilafarbenen Kronblättern; Früchte zerspringen nach der Reife in 3–4 Teilfrüchte.

Vorkommen In felsigen Partien der Namib-Wüste.

Wissenswertes Die harte und durchscheinende Rinde von Zweigen und Ästen ist von Wachs durchtränkt und daher brennbar. Der brennbare Wachsmantel bleibt auch nach dem Absterben der Pflanze erhalten.

4 Seerose Water Lily *Nymphaea caerulea* (Nymphaeaceae)

H bis 20 cm

Merkmale Große Schwimmblätter mit Luftkammern; Blüte über 10 cm im Durchmesser, weiß mit bläulichem Anflug.

Vorkommen In weiten Teilen des Gebiets, südlich nicht ganz bis zum Kap. An stehenden oder langsam fließenden Gewässern.

Wissenswertes Seerosen wachsen aus einem zum Teil mächtigen Wurzelstock, der sich am Grunde des Gewässers befindet. Die Blüten sind gekennzeichnet durch einen fließenden Übergang von Blüten- zu Staubblättern. Sie werden von Käfern und Fliegen bestäubt.

5 Königin der Namib Gordon's Hoodia *Hoodia gordoni* (Asclepidiaceae)

H 45 cm

Merkmale Auf den ersten Blick an eine kleine Euphorbie erinnernd; Stengel bis 5 cm im Durchmesser, vielrippig, Rippen mit Warzen und Stacheln besetzt; Blüten braunviolett bis lachsfarben, in der Form Petunienblüten ähnlich.

Vorkommen Von der westlichen Namib-Wüste bis Botswana. Auf steinigen Flächen und Hügeln.

Wissenswertes Die langen Balgfrüchte enthalten zahlreiche seidig behaarte Samen. Die Pflanze steht in Namibia unter Naturschutz.

Wildblumen

1 Namaqualand-Daisy Namaqualand Daisy *Dimorphoteca sinuata* (Asteraceae)

H 30 cm

Merkmale Eine wenig verzweigte, einjährige, krautige Pflanze (**1b**); Blätter 5 cm lang, leicht gelappt; Blütenstände bis 5 cm im Durchmesser, einzelnstehend; Hochblätter orangegelb, an der Basis schwärzlich, frei und in einer Reihe stehend.

Vorkommen Weit verbreitet in sandigen Gegenden, vor allem im Namaqualand (**1a**) und im anschließenden Namibia.

Wissenswertes Die Art gehört zur Familie der Korbblütler. Die Mitglieder dieser Familie sind im südlichen Afrika als „daisy family" bekannt. Charakteristisch für Korbblütler sind die von einer ein- oder mehrreihigen Hülle sehr unterschiedlich geformter Hochblätter umgebenen, als Köpfchen oder Körbchen bezeichneten Blütenstände. Die das Körbchen bildenden Einzelblüten sind überwiegend klein und unscheinbar. Die Samen werden oft durch den an der reifen Frucht verbleibenden, zu einem Flug- oder Klammerorgan umgebildeten Blütenkelch verbreitet. Korbblütler sind eine verhältnismäßig junge, noch in der Entwicklung begriffene Familie. Die systematische Zuordnung bereitet daher noch Probleme. Weltweit stellen die Korbblütler mit rund 25.000 Arten und 1.100 Gattungen eine der größten Familien der Blütenpflanzen dar. Ihr Verbreitungsschwerpunkt liegt in den trocken-heißen Gebieten der Tropen und Subtropen.

2 Gazanie Botterblom *Gazania krebsiana* (Asteraceae)

H 15 cm

Merkmale Eine mehrjährige krautige Pflanze, die aus einem hölzernen Wurzelstock wächst; Blätter ganzrandig bis fiederspaltig, sehr lang, oberseits grün, unterseits dicht wollig weiß behaart; Blütenstände einzeln auf sehr langen Stengeln; Hochblätter von weiß über leuchtend zitronengelb bis orange und ziegelrot; orangefarbene Hochblätter sind in der unteren Hälfte braun mit einem grauen Fleck am Grund, sie stehen in drei Reihen; Blütenfärbung und Wuchsform sind sehr variabel.

Vorkommen Im gesamten Gebiet weit verbreitet. Überwiegend auf Grasland.

Wissenswertes Die weiße Blütenform tritt bevorzugt bei Pflanzen in der Gegend um Pretoria auf, die gelbe z.B. bei Pflanzen von Witwatersrand. Verletzte Pflanzen sondern einen weißen Milchsaft ab.

3 Strohblume Felted Everlasting *Helichrysum vestitum* (Asteraceae)

H 100 cm

Merkmale Wollig behaarte Staude, verzweigt; Blätter an der Basis der Pflanze lang, zur Blüte hin kürzer werdend; Blütenstände bis 5 cm im Durchmesser.

Vorkommen Vom Südwesten der Kapregion nach Osten bis auf Höhe der Stadt Knysna.

Wissenswertes Zu den im Englischen als „everlastings" bezeichneten Strohblumen der südafrikanischen Gattungen *Helichrysum*, *Helipterum* und *Phaenocoma* gehören Arten, deren getrocknete, papierartige Blüten ihre Farbe über Jahre hinweg behalten. Sie werden in großen Mengen in der Wildnis gesammelt und in Gärtnereien zu Sträußen verarbeitet. *H. vestitum* wird sogar in großen Mengen gepflückt und in Kräuterkissen eingenäht, die angeblich gegen Asthma helfen sollen.

4 Greiskraut Wild Cineraria *Senecio elegans* (Asteraceae)

H bis 80 cm

Merkmale Eine einjährige Pflanze; Blätter bis 8 cm lang, behaart und fiederspaltig, einzelne Fieder noch gebuchtet; Blütenstände bis 2,5 cm im Durchmesser, sie bestehen aus gelben Köpfchen, die von rosafarbenen Hochblättern umgeben sind; Hochblätter frei, in einer Reihe.

Vorkommen In den Küstendünen des Namaqualandes sowie in einem Küstenstreifen der westlichen und südlichen Kapprovinz ostwärts bis Port Alfred.

Wissenswertes Eine weitere Greiskraut-Art mit rosafarbenen Blüten im Gebiet ist *S. arenarius*, eine eher unscheinbare Pflanze.

Wildblumen

1 Köcherbaum Quiver Tree *Aloe dichotoma* (Liliaceae)

H 3–5 m, max. 7 m

Merkmale Eine Aloe-Art mit massivem Stamm; dichotome (gabelige) Verzweigung der Äste; glatte, hellgraue Borke; Früchte kanariengelb und 30 cm lang.

Vorkommen In Mittel- und Südnamibia sowie in der nordwestlichen Kapprovinz. In heißen, trockenen und steinigen Wüstenregionen.

Wissenswertes Der Gouverneur der Kapregion, Simon van der Stel, gab dieser Pflanze 1685 den Namen „kokerbom", weil die Eingeborenen die ausgehöhlten Äste als Köcher (Afrikaans = „koker") verwendeten.

2 Makalanipalme Real Fan Palm *Hyphaene benguellensis* = *H. petersiana* (Arecaceae)

H 5–7 m, max. 20 m

Merkmale Stamm oft in der Mitte etwas verdickt; die fächerförmigen Blätter haben einen Durchmesser von bis zu 1,3 m; Borke des Stammes mit kennzeichnenden Ringen dort, wo die Blätter angesessen haben; zweihäusig, weibliche Blüten in länglichen Trauben, männliche Blüten in Stiften, kurzlebig; Früchte glänzend braun und rund, 5–6 cm im Durchmesser.

Vorkommen In einem Streifen entlang der Nordgrenze Namibias, Nordbotswanas und Nordsimbabwes. In Grasland, oft an Gewässern, auch an Brackwasser.

Wissenswertes Die Milch der jungen Früchte der Makalanipalme ist der Kokosmilch in Geschmack und Farbe sehr ähnlich. Aus Teilen der Palme wird ein stark berauschender Wein gewonnen. Die geflochtenen Körbe und Teller Botswanas werden aus Blättern der Makalanipalme hergestellt. Der **Palmsegler**, ein Vogel, klebt seine Eier mit Speichel an die Unterseite der Palmblätter und bebrütet sie dort in senkrechter Sitzhaltung.

3 Dattelpalme Wild Date Palm *Phoenix reclinata* (Arecaceae)

H 6 m

Merkmale Eine mittelhohe Palme mit 3–4 m langen, gefiederten Blättern; Stamm gebogen; Borke dunkelbraun mit „Blattnarben"; Früchte in langen Trauben.

Vorkommen In Nordost-Namibia, Nordbotswana und -simbabwe, Osttransvaal und -natal sowie in der östlichen Kapprovinz bei ausreichend hohem Grundwasserspiegel.

Wissenswertes Die Dattelpalme ist eng verwandt mit der **Echten Dattelpalme** (*P. dactylifera*) Nordafrikas, die im Süden des Kontinents nicht vorkommt. Die Früchte sind zwar nicht so fleischig, aber auch sehr schmackhaft. Aus dem Saft der Blütenköpfe wird ein alkoholisches Getränk gebraut, das dem Geschmack von Ingwer-Bier sehr nahekommt.

4 Welwitschia Welwitschia *Welwitschia mirabilis* (Welwitschiaceae)

H 2 m

Merkmale Pflanze mit kurzem, abgeflachtem Stamm; der Stamm wächst 2–3 m in den Boden, bevor die kräftige, tiefreichende Pfahlwurzel beginnt; immer nur zwei gegenständige Blätter, vom Wind oft in scheinbar mehrere lange, schmale Blätter aufgesplissen; Blätter hart und zäh, Zuwachs der Blätter 20–30 cm pro Jahr; Pflanze zweihäusig, männliche Pflanze mit lachsroten bis orangebraunen Zapfen, weibliche Pflanze mit blaugrünen, größeren Zapfen mit klebriger Oberfläche.

Vorkommen In einem etwa 100 km breiten und 1.000 km langen Streifen vom Kuiseb-Fluß im Süden bis Mossamedes in Angola. Meist auf Kiesflächen, aber auch auf felsigen Rücken, in Wadis und sogar auf Grasflächen.

Wissenswertes Der österreichische Arzt und Botaniker Dr. Friedrich Welwitsch entdeckte die Pflanze im Jahr 1859 und war von ihrem bizarren Aussehen überwältigt. Die endemische Welwitschia gilt als lebendes Fossil. Neben Eigenschaften von zapfentragenden Nacktsamern besitzt sie Merkmale der Blütenpflanzen. Die Welwitschia kommt mit 10 mm Niederschlag im Jahr aus, die sie aus dem Küstennebel bezieht. In trockeneren Jahren sterben die Blätter der Pflanze ab. Sie kann über 1.000 Jahre alt werden und steht in Namibia unter Schutz.

Bäume / Sträucher

1 Schirmakazie Umbrella Thorn *Acacia tortilis* *(Mimosoideae)*

H bis 20 m

Merkmale Leicht erkennbar an der schirmähnlichen flachen Krone; Borke dunkelbraun bis dunkelgrau mit tiefen Längsrissen; Blätter klein, bis 3 cm, doppelt gefiedert; Dornen entweder kurz und stark gebogen (bis 1,5 cm) oder lang, dünn und gerade (bis 9 cm); Blütenstände cremeweiß; Früchte sehr klein, korkenzieherartig gewunden.

Vorkommen In Nordnamibia, Nord- und Ostbotswana, Simbabwe, Transvaal, Ostnatal und Teilen der nordöstlichen Kapprovinz.

Wissenswertes Der Stamm der Schirmakazie ist sehr oft von Termiten und Käferlarven zerfressen. Daher können Elefanten ihn leicht umwerfen, um an Blätter und Zweige zu gelangen.

2 Kameldorn Camelthorn *Acacia erioloba* *(Mimosoideae)*

H bis 17 m

Merkmale Von anderen Akazien-Arten durch die blaugrüne Farbe des Laubs unterschieden, Blätter vergleichsweise groß; Borke dunkelbraun bis fast schwarz mit tiefen Längsfurchen; Blütenstände leuchtend goldgelb, 15 mm im Durchmesser, süßlich riechend; Blüten erscheinen gleichzeitig mit dem frischen Frühlingslaub; Frucht eine große 6–12 cm lange, ohrförmige Hülse mit samtartigem, gelbgrauem Überzug; Dornen paarweise, dick, bis 5 cm lang, an der Basis aufgeblasen.

Vorkommen Fast in der gesamten Nordhälfte des Gebietes. Auf tiefem Sand oder in trockenem, steinigem Wüstengelände; oft in fossilen Flußbetten.

Wissenswertes Bei dem Namen „Kameldorn" handelt es sich um eine falsche Übersetzung des Afrikaans-Wortes „Kameeldoring", das soviel bedeutet wie „Giraffenakazie".

3 Rosendornakazie Flame Acacia *Acacia ataxacantha* *(Mimosoideae)*

H 10 m

Merkmale Kletterpflanze oder halbhoher Baum; Borke braun, abblätternd, mit Längsfurchen; Dornen auf Stamm, Ästen und Zweigen kurz und gebogen; Blätter bis 14 cm lang, dunkelgrün; Blüten in cremeweißen Ähren von 10 cm Länge; Früchte an beiden Enden spitz zulaufend; die jungen Hülsen flammend weinrot, im Alter rotbraun.

Vorkommen In Nordost-Namibia, Nord- und Zentralbotswana, Nord- und Westsimbabwe, Transvaal und Natal. In Sanddünen, buschbestandenem Grasland und felsigem Hügelland.

Wissenswertes Wie die **Hakendornakazie** *(Acacia mellifera)* neigt die Rosendornakazie dazu, undurchdringliche Dickichte zu bilden.

4 Fieberakazie Fever Tree *Acacia xanthophloea* *(Mimosoideae)*

H bis 25 m

Merkmale Eine sehr stattliche Akazienart; Borke charakteristisch glatt mit gelbem bis grüngelbem, pudrigem Überzug; Dornen weiß, bis 7 cm lang; Blätter bis 10 cm lang mit je 2–9 Fiedern; Blüten gelb; Früchte bis 13 cm lange und 1,4 cm breite Hülsen, blaßbraun.

Vorkommen Osttransvaal und -natal.

Wissenswertes Die Art wächst in tiefliegenden Sumpfgebieten, der Brutstätte der Malariamücke. Die ersten Siedler glaubten, die Fieberakazie sei die Ursache der Malaria.

5 Albizie Thickle-leaved Albizia *Albizia harveyi* *(Mimosoideae)*

H 15 m

Merkmale Blätter und Früchte sind denen von Akazien sehr ähnlich; ohne Dornen; die Hülsen der fruchttragenden Bäume sind so zahlreich, daß sie dem Baum ein rostbraunes Aussehen geben.

Vorkommen In Nordost-Namibia und -botswana sowie in Osttransvaal.

Wissenswertes Die Früchte der Albizie werden von Impalas, Kudus, Elen- und Pferdeantilopen gefressen, während Elefanten alle Teile des Baumes verwerten.

Bäume / Sträucher

1 Sykomore Sycamore Fig *Ficus sycomorus* (Moraceae)

H 10–35 m

Merkmale Ein mächtiger Baum mit enormem Stammumfang; Krone weit ausladend und dicht; Stamm tief eingeschnitten, wie aus mehreren Pfeilern zusammengesetzt; Farbe der Borke weißlichgelb bis orangefarben angehaucht, pellt sich in papierdünnen Streifen; Blätter ziemlich groß, rundlich und ganzrandig; Früchte sitzen in Trauben am Stamm, unreif grün, reif gelblich; Pflanze das ganze Jahr über fruchtend.

Vorkommen In Nordnamibia, Nordbotswana, Simbabwe, Nordost-Transvaal und Ostnatal. Überwiegend an Flußufern.

Wissenswertes Die Feigen sind zwar kleiner als „Kulturfeigen" und schmecken lange nicht so gut, werden aber trotzdem gerne verzehrt. Im Ovamboland kocht man sie mit Wasser, läßt sie fermentieren und destilliert ein stark alkoholisches Getränk daraus. Auch viele Säuger, Vögel und sogar Fische fressen die Früchte.

2 Mopanebaum Mopane *Colophospermum mopane* (Caesalpiniodeae)

H bis 18 m

Merkmale Ein mittelgroßer Baum (**2a**) mit oft v-förmig verzweigten Hauptästen; Borke alter Bäume hellgrau, junger Bäume dunkler mit Längsfurchen; Blätter aus zwei Teilen zusammengesetzt, schmetterlingsähnlich, glatt und ganzrandig, in der Trockenzeit gelb bis gelbbraun, sonst grün (**2b**); Blüten klein, grün und unauffällig in hängenden Trauben; die Früchte sind ledrige, abgeflachte, nierenförmige Hülsen, zuerst grün, später gelbbraun.

Vorkommen In Nordnamibia, Nordost-Botswana, Teilen von Simbabwe und Nordost-Transvaal. In trockenen Sandgebieten.

Wissenswertes Diese Baumart ist bestandsbildend in den Mopanewäldern, die weite Teile des nördlichen Südafrikas bedecken. Der Mopanewald kann als Beispiel für die fast ausschließliche Vorherrschaft einer einzigen Baumart gelten. Wo die Verhältnisse zur Ausbildung von hohen Bäumen nicht ausreichen, bildet die Art ein dichtes Gebüsch. Die eiweißreichen Blätter des Mopanebaumes werden von Wildtieren und von Vieh mit besonderer Vorliebe gefressen. Von den Blättern ernähren sich auch die Raupen des Schmetterlings *Gonimbrasia belina*, die gemeinhin als „mopane worms" bekannt sind. Geröstet gelten sie als Delikatesse.

3 Kandelaber-Euphorbie Candelabra Tree *Euphorbia ingens* (Euphorbiaceae)

H 10–15 m

Merkmale Kurzstämmiger Baum mit einer dichten Krone; sukkulente Äste aufrecht, vielfach gegabelt, vier- bis fünfkantig, am breitesten in der Mitte; Kiel mit paarig angeordneten Dornen; Blüten in Trauben, gelbgrün, oft rot angehaucht.

Vorkommen Häufig in Südost-Botswana, Westsimbabwe sowie in Nord- und Osttransvaal. In Buschsavannen, oft auf felsigen Standorten.

Wissenswertes Wird die Rinde verletzt, tritt ein milchiger Saft aus, der giftig ist und auf der Haut Rötungen und Blasen hervorruft. Gelangt er in die Augen, kann er eine vorübergehende oder bleibende Erblindung bewirken. Eingeborene des Limpopo-Tales bereiten aus dem Milchsaft ein Fischgift: Sie tränken ein Büschel Gras mit dem Gift, halten es in einen Tümpel, und binnen 15 Minuten sollen die Fische gelähmt, aber noch atmend, an der Oberfläche erscheinen.

4 Wüsten-Euphorbie Desert Euphorbie *Euphorbia virosa* (Euphorbiaceae)

H 2–3 m

Merkmale An einen Kaktus erinnernd; eine der kleiner bleibenden Euphorbien-Arten ohne Stammbildung; kräftige Dornen.

Vorkommen Nur in den heißesten Wüstengebieten zwischen Orange River im Süden und Südangola im Norden.

Wissenswertes Die Wüsten-Euphorbie ist eine der giftigsten Euphorbien-Arten; auf „afrikaans" heißt sie daher „gifboom", also „Giftbaum". Von Eingeborenen wurde die eingekochte Milch der Pflanze als Pfeilgift benutzt. Trotz des Giftes und der spitzen Dornen wird sie von Nashörnern gefressen.

Bäume / Sträucher

1 Affenbrotbaum Baobab Tree *Adansonia digitata* *(Bombacaceae)*

H 10–15 m

Merkmale Eine der mächtigsten Baumgestalten der afrikanischen Savannen; große Exemplare mit 30 m Stammumfang; Rinde glatt, aber mit zahlreichen Wülsten; Blätter bei alten Exemplaren fingerförmig gefiedert, mit 5–7 Fiedern, bei jungen Exemplaren ungefingert, dunkelgrün und kurz behaart; Blüte groß, hängend, mit wachsartig weißen Blütenblättern; Früchte hart, eiförmig, graugrün mit graugelbem Überzug; Samen bohnenförmig und dunkelbraun.

Vorkommen In Nordnamibia, Nordbotswana, Nord- und Südsimbabwe sowie in Nordost-Transvaal. Auf Sandflächen, in felsigen Regionen und Mopanewäldern.

Wissenswertes Die Überlieferungen der Afrikaner berichten, daß der Teufel nach der Erschaffung der Erde über Gottes Werk so wütend gewesen sei, daß er den prächtigen Affenbrotbaum ausgerissen und falsch herum mit den Wurzeln nach oben wieder eingepflanzt habe. Die großen Früchte des Affenbrotbaumes werden gerne von Pavianen gefressen – daher vermutlich auch der deutsche Name. Die Radio-Karbondatierung belegt, daß die ältesten heute lebenden Affenbrotbäume über 3.000 Jahre alt sind.

2 Halbmensch Elephant's Trunk *Pachypodium namaquanum* *(Apocynaceae)*

H 1–3 m, max. 5 m

Merkmale Eine sukkulente Pflanze mit einem nur selten in der Spitze verzweigten Stamm, der mit Höckern übersät ist; Höcker an der Spitze mit einem Dorn besetzt; Blätter meist auf die Stammspitze beschränkt, graugrün und ganzrandig; Blüten röhrenförmig, innen rot, außen grün; Früchte paarig, behaart; Samen mit Haaranhängen.

Vorkommen Ausschließlich in einem Gebiet an der Grenze zwischen Südwest-Namibia und der nördlichsten westlichen Kapprovinz.

Wissenswertes Die Pflanzenspitze zeigt, wie bei einigen kleineren Euphorbien-Arten auch, immer in einem bestimmten Winkel nach Norden. Diese Eigenschaft hat den Arten die Bezeichnung „magnetische Pflanzen" eingebracht. Vermutlich hat die Wuchsform aber mehr mit dem Phototropismus zu tun, also der Ausrichtung von Pflanzen nach dem Sonnenstand.

3 Wüstenrose Impala Lily *Adenium multiflorum* *(Apocynaceae)*

H bis 3–4 m

Merkmale Ein untersetzter, sukkulenter Strauch; Rinde graugrün und glatt, ohne Dornen; Blätter meist nur an den Zweigenden, länglich eiförmig, dunkelgrün bis blaugrün; Blüten auffällig weiß oder rosaweiß; Blütenblätter mit einem kräftig roten und gekräuselten Rand; Blütezeit von Mai bis September; Früchte zigarrenförmig.

Vorkommen In Nord- und Südsimbabwe, Osttransvaal und -natal; berühmt für den Krüger-Nationalpark. In Tieflagen heißer Gegenden auf Sand oder Felsen.

Wissenswertes Diese Art steht in dem Ruf, sehr giftig zu sein. Angeblich hat man daraus früher Pfeilgift gewonnen. Dennoch wird sie von Wild- und Haustieren gleichermaßen gern gefressen.

4 Leberwurstbaum Sausage Tree *Kigelia africana* *(Bignoniaceae)*

H 18 m

Merkmale Ein ziemlich hoher Baum mit großer, rundlicher Krone; charakteristisch sind die an große Leberwürste erinnernden, an langen Stielen herabhängenden Früchte (bis 1 m lang und 10 kg schwer); Borke meist glatt und grau; Blätter stets am Zweigende, unpaarig gefiedert mit 3–5 Fiederpaaren; Blüten becherförmig, kastanienbraun mit gelben Adern auf der Außenseite.

Vorkommen In Nordost-Namibia, Nord- und Ostbotswana, Simbabwe, Osttransvaal und -natal. In niedrigen Lagen in Baumsavannen und an Flußufern.

Wissenswertes Die Blüten werden von Fledermäusen besucht und von Wild- und Haustieren gefressen. Die unreifen Früchte sollen giftig sein, angeblich aber wirksam gegen Syphilis und Rheumatismus. Für Menschen sind die reifen Früchte ungenießbar.

Bäume / Sträucher

Register

Aardroos 14, 15
Aardwolf 22
Acacia ataxacantha 138
 – erioloba 138
 – tortilis 138
 – xanthophloea 138
Acanthosicyios horridus 134
Acinonyx jubatus 26
Actophilornis africanus 82
Adansonia digitata 142
Adenium multiflorum 142
Aepyceros melampus 44
 – m. petersi 44
Affenbrotbaum 142
African Buffalo 42
African Civat 22
African Fish Eagle 70
African Jacana 82
African Pygmy Goose 60
African Rock Python 114
African Spoonbill 58
African Wild Cat 26
Afrikanischer Elefant 30
Afrikanischer Habichtsadler 68
Afrikanischer Löffler 186
Afrikanischer Wildhund 24
Afrika-Zibetkatze 22
Albizia harveyi 138
Alcedo cristata 94
Alcelaphus buselaphus 40
Aloe arborescens 12, 13
 – dichotoma 136
 – spectabilis 128
Alopochen aegyptiacus 60
Alpine Everlasting 12, 13
Amarylie 12, 13
Anas capensis 62
 – smithii 62
 – undulata 62
Anastomus lamelligerus 56
Anchieta's Dune Lizard 16, 17
Angolosaurus skoogi 16, 17
Angulate Tortoise 114
Anhinga rufa 48
Anophetes spec. 126
Anthropoides paradisea 76
Antidorcas marsupialis 42
Aporosaurus anchieta 16, 17
Aquila rapax 68
 – verreauxi 68
Arctocephalus pusillus 32
Ardea cinerea 50
 – melanocephala 50
 – purpurea 50
Ardeola ralloides 52
Ardeotis kori 80
Aspidelaps lubricus 10, 11
Atractaspis bibronii 10, 11
Aulax cancellata 14, 15

Babiana curviscapa 128
Baboon 18
Balearica regulorum 76
Banded Mongoose 20
Banksia 14, 15
Banksia menziesii 14, 15
Banksie 14, 15
Baobab Tree 142
Barn Owl 92
Bartgeier 66
Bat-eared Fox 22
Bateleur 70
Baumschlange 10, 11
Berg Adder 10, 11
Berglilie 12, 13
Bergotter 10, 11
Berg-Palmfarn 12, 13
Bergzebra 32
Bibron's Gecko 118
Bitis arietans 10, 11
 – atropos 10, 11
 – caudalis 10, 11
 – gabonica 10, 11
 – peringueyi 10, 11
Black Crake 78
Black Crow 102
Black Eagle 68
Black Hairy Thick-tailed Scorpion 122
Black Korhaan 80
Black Oystercatcher 82
Black Rhinoceros 32
Black-backed Jackal 24
Black-bellied Bustard 80
Black-crowned Night Heron 54
Black-faced Impala 44
Black-headed Heron 50
Black-necked Spitting Cobra 114
Black-shouldered Kite 66
Blacksmith Plover 84
Black-winged Stilt 86
Blassuhu 92
Blaustirnblatthühnchen 82
Blue Crane 76
Blutschnabelweber 112
Bobron's Burrowing Asp 10, 11
Bokmakiriestert 14, 15
Bokmakirischwanz 14, 15
Bontebok 42
Boomslang 10, 11
Bostrychia hagedash 58
Botterblom 134
Bottle Brush 12, 13
Brachschwalbe 86
Bradfield's Hornbill 100
Braune Witwe 122
Braunflügel-Mausvogel 94
Breitmaulnashorn 32
Breviceps adspersus 120
Brillenpinguin 46
Broad-leaved Bulbine 128
Bubo lacteus 92
Bubulcus ibis 92
Bucorvus leadbeateri 98

Bufo regularis 120
Bulbinella latifoglia 128
Buntbock 40
Buphagus africanus 108
 – erythrorhynchus 108
Burchell's Sandgrouse 88
Burchell's Zebra 32
Burchellia bubalina 12, 13
Burhinus capensis 84
Buschbock 38
Buschmannkerze 132
Bushveld Rainfrog 120
Butorides rufiventris 54

Camelthorn 138
Camponotus detrius 16, 17
Candelabra Tree 140
Canis adustus 24
 – mesomeles 24
Cape Cobra 10, 11
Cape Fur Seal 30
Cape Gannet 48
Cape Ground Squirrel 18
Cape Hare 30
Cape Rook 102
Cape Shoveller 62
Cape Turtle Dove 90
Cape Wigeon 62
Capped Wheatear 104
Caracal caracul 26
Carmine Bee-eater 96
Carparachne arenicol 16, 17
Casmerodius albus 50
Ceratotherium simum 32
Cercopithecus aethiops 18
Ceryle maxima 98
 – rudis 98
Chamaeleo dilepsis 118
 – namaquensis 16, 17
Charadrius pecuarius 82
 – tricollaris 82
Cheetah 26
Chersina angulata 114
Chondrodactylus anguilfer 118
Christmas Flower 12, 13
Ciconia episcopus 56
Circaëtus pectoralis 70
Circus pygargus 72
Citrullus lanatus 132
Colius striatus 94
Colophospermum mopane 140
Common Sugarbush 12, 13
Connochaetes gnou 38
 – taurinus 38
Coquifrankolin 74
Coracias caudatus 98
 – naevius 98
Coral Snake 10, 11
Cordylus giganteus 116
Corvinella melanoleuca 106
Corvus albus 102
 – capensis 102
Corythaixoides concolor 92
Crane Flower 128

Crested Barbet 102
Crested Guinea-Fowl 74
Crimson-brested Shrike 106
Crocodylus niloticus 116
Crocuta crocuta 22
Crotaphopeltis hotamboeia 10, 11
Cursorius temminckii 86
Cynium racemosus 12, 13
Cynictis penicillata 22
Cyrtanthus flanaganii 12, 13
– *flammosus* 14, 15

Dabchick 46
Damaliscus dorcas 40
– *lunatus* 40
Dancing White Lady Spider 16, 17
Darter 48
Dattelpalme 136
Dendroaspis angusticeps 10, 11
– *polylepis* 10, 11
Dendrocygna viduata 60
Denham's Bustard 80
Desert Plated Lizard 16, 17
Diceros bicornis 32
Dicrurus adsimilis 102
Dimorphoteca situata 134
Disa uniflora 14, 15
Disperis capensis 14, 15
Dispholidus typus 10, 11
Dollar Bush 16, 17
Dominikanermöwe 86
Doppelbandflughuhn 88
Doppelbandrennvogel 86
Double-banded Sandgrouse 88
Drakensberg Cycad 12, 13
Dreibandregenpfeifer 82
Dreifarbige Pelargonie 14, 15
Dune Ant 16, 17
Dune Grass 16, 17
Dünenameise 16, 17
Dünenbeere 14, 15
Dünengras 16, 17
Dünenkäfer 124
Dung Beetle 126

Egretta garzetta 52
– *intermedia* 52
Egyptian Goose 60
Egyptian Vulture 66
Egyptian Cobra 10, 11
Eland 38
Eleanus caeruleus 66
Elefant 30
Elenantilope 38
Elephant's Trunk 142
Elfenbein-Dünenkäfer 124
Elsterwürger 106
Encephalartos ghellinckii 12, 13
Ephippiorhynchus senegalensis 56
Equus quagga 32
– *zebra* 32

Erdmännchen 20
Erdorchidee 12, 13
Erdrose 14, 15
Erdschmätzer 104
Erdviper 10, 11
Erdwolf 22
Eremitalpa granti 16, 17
Erica 12, 13
Erica cerinthoides 12, 13
– *woodii* 12, 13
Erika 12, 13
Erntetermite 124
Euphorbia ingens 140
– *virosa* 140
Euplectes orix 112
Eupodotis cafra 82
– *melanogaster* 82
– *rueppellii* 16, 17
Eurocephalus anguitimens 106
Ewwa-trewwa 14, 15

Falbkatze 26
Falco biarmicus 72
– *rupicoloides* 72
Felis silvestris 26
Felsenpython 114
Felsentoko 100
Felted Everlasting 134
Fenestria rhopalophylla 16, 17
Fensterpflanze 16, 17
Feuerball-Lilie 128
Feuerheide 12, 13
Feuerlilie 14, 15
Fever Tree 138
Ficus sycomorus 140
Fieberakazie 138
Fire Heath 12, 13
Fire Lily 14, 15
Fischadler 72
Fischreiher 50
Flame Acacia 138
Flames 14, 15
Flamingo 58
Flammengladiole 14, 15
Flap-neck Chamaeleon 118
Flechte 16, 17
Fleckenflughuhn 88
Fleckenhyäne 22
Flusslilie 12, 13
Flusspferd 24
Forest Cobra 10, 11
Fork-tailed Drongo 102
Francolinus adspersus 74
– *coqui* 74
– *swainsonii* 74
Fuchsmanguste 20
Fulica cristata 78

Gabelracke 98
Gaboon Adder 10, 11
Gabunviper 10, 11
Gackeltrappe 80
Galenia papulosa 16, 17
Gallinula chloropus 78

Gattle Egret 52
Gaukler 70
Gazania krebsiana 134
Gebänderte Kobra 10, 11
Gehörnte Puffotter 10, 11
Gelbkehlflughuhn 88
Gelbkehlpieper 104
Gelbschnabelente 62
Gelbschnabelmadenhacker 108
Gelbschnabeltoko 100
Gemeiner Zuckerbusch 12, 13
Geochelone pardalis 114
Gepard 26
Gerrhosaurus major 116
Gesprenkelter Grabfrosch 120
Gesprenkelter Kurzkopffrosch 120
Giant Bullfrog 120
Giant Eagle Owl 92
Giant Girdled Lizard 116
Giant Ground Gecko 118
Giant Kingfisher 94
Giant Protea 130
Giraffa camelopardalis 34
Giraffe 34
Gladiolus bonaespei 14, 15
– *longicollis* 12, 13
Glanzente 62
Glanzstirnskorpion 122
Glareola praticola 86
Glaucidium perlatum 92
Gleitaar 66
Glossina spec. 126
Glossy Starling 108
Gnu 40
Goldbugpapagei 90
Goldmull 16, 17
Gordon's Hoodia 132
Granny-bonnet 14, 15
Grant's Golden Mole 16, 17
Grasantilope 44
Graufischer 94
Graulärmvogel 92
Grautoko 100
Great White Egret 50
Greater Flamingo 58
Greater Glossy Starling 108
Greater Kestrel 72
Green Mamba 10, 11
Greiskraut 134
Grey Duiker 36
Grey Heron 50
Grey Lourie 92
Greyia sutherlandia 12, 13
Großer Kudu 38
Großmutterhaube 14, 15
Ground Hornbill 98
Grüne Mamba 10, 11
Grüne Meerkatze 18
Grus carunculatus 76
Gurrtaube 90
Gutteria pucherani 74
Gypaëtus barbatus 66
Gyps africanus 64

145

Haemachatus haemachatus 10, 11
Haemanthus multiflorum 128
Haematopus moquini 82
Hagedasch 58
Halbmensch 142
Halcyon chelicut 94*i*
Haliaeëtus vocifer 70
Hammerkopf 54
Hartebeest 40
Harvester Termite 124
Haubenbartvogel 102
Haubenzwergfischer 94
Heiliger Ibis 58
Helichrysum roseoniveum 16, 17
– *trilineatum* 12, 13
– *vestitum* 134
Helmeted Guinea-Fowl 74
Helmperlhuhn 74
Herald Snake 10, 11
Hieraaëtus fasciatus spilogaster 68
Himantopus himantopus 86
Hippopotamus amphibious 34
Hippotragus equines 42
– *niger* 42
Hirtenregenpfeifer 82
Hodotermes spec. 124
Honey Badger 20
Honey Flower 12,14
Honigblume 12,14
Honigdachs 20
Hooded Vulture 64
Hoodia gordoni 132
Hoopoe 98
Horned Adder 10, 11
Hyänenhund 24
Hyphaene benguellensis 136
– *petersiana* 136

Immortelle 12, 13
Impala 44
Impala Lily 142

Jackass Penguin 46

Kaffernadler 68
Kaffernbüffel 42
Kaffernhornrabe 98
Kameldorn 138
Kammblässhuhn 78
Kampfadler 68
Kandelaber-Euphorbie 140
Kapente 62
Kap-Erdhörnchen 18
Kapfuchs 24
Kaphase 30
Kapkobra 10, 11
Kapkormoran 48
Kapkrähe 102
Kap-Löffelente 62
Kappengeier 64
Kaptäubchen 90
Kaptölpel 48
Kaptriel 84

Karakal 26
Karminspint 96
Kigelia africana 142
Kirkdikdik 36
Kittlitz's Plover 82
Klaffschnabel 56
Klippschliefer 30
Klippspringer 36
Klunkerkranich 76
Knob-billed Goose 62
Kobus ellipsiprymnus 44
– *kob* 44
– *leche* 44
Köcherbaum 136
Königin der Namib 132
Königsprotea 130
Korallenschlange 10, 11
Kori Bustard 80
Kräuselhaubenperlhuhn 74
Kronenducker 36
Kronenkiebitz 84
Kronenkranich 76
Kuhantilope 40
Kuhreiher 52
Kurzohrige Elefantenspitzmaus 16, 17

Lammergeier 66
Lampenputzer 14, 15
Lamprotornis australis 108
– *nitens* 108
Lanarius atrococcineus 106
Langknospen-Protea 130
Langzehenkiebitz 84
Lanius collurio 106
Lannerfalke 72
Lappenchamäleon 118
Lappet-faced Vulture 64
Larus dominicanus 86
Latrodectus geometricus 122
Laughing Dove 90
Lebende Steine 130
Leberwurstbaum 142
Lechwe Waterbuck 44
Ledebouria ovatifolia 14, 15
Leierantilope 40
Leonotis leonurus 14, 15
Leopard 28
Leopard Toad 120
Leopard Turtoise 114
Leptailurus serval 26
Leptoptilus crumeniferus 54
Lepus carpensis 30
Lesser Flamingo 58
Leucadendron bonum 14, 15
Leucospermum reflexum 14, 15
– spec. 130
Lichen 16, 17
Lilac-breasted Roller 98
Limnocorax flavirostra 78
Lion 28
Lion's Ear 12, 13
Lithops marmorata 130
Little Bee-eater 96

Little Egret 52
Locusta migratoria 124
Löffelhund 22
Long-bud Protea 130
Long-tailed Shrike 106
Long-tailed Trewwa 12, 13
Löwe 28
Löwenohr 12, 13
Loxodonta africana 30
Lyacon pictus 24

Macronyx croceus 104
Macroscelides proboscideus 16, 17
Madoqua kirki 36
Magpie Shrike 106
Mahaliweber 110
Makalanipalme 136
Malachite Kingfisher 94
Malachite Sunbird 112
Malachitnektarvogel 112
Malariamücke 123
Manis temmincki 18
Marabu 54
Marschrose 14, 15
Marsh Rose 14, 15
Martial Eagle 68
Maskenweber 110
Melierax canorus 70
Mellivora capensis 20
Merops bullockoides 96
– *hirundineus* 96
– *nubicoides* 96
– *pusillus* 96
Mesembryanthemum spec. 130
Meyer's Parrot 90
Milvus migrans 66
Mimetes splendidus 14, 15
Mittagsblumen 130
Mittelreiher 52
Mocambique Spitting 10, 11
Mohrenralle 78
Montagu's Harrier 72
Moorantilope 44
Moorhen 78
Mopane 140
Morus capensis 48
Mosquitoe 126
Mountain Lily 12, 13
Mungos mungo 20
Mycteria ibis 56
Mystropetalon thomii 14, 15

Nachtreiher 54
Nadelkissen 14, 15, 130
Naja haje anchieta 10, 11
– *haje annulifera* 10, 11
– *melanoleuca* 10, 11
– *mossambica* 10, 11
– *nigricollis* 114
– *nivea* 10, 11
Namaflughuhn 88
Namaqua Chameleon 16, 17
Namaqua Dove 90
Namaqua Sandgrouse 88

Namaqualand-Daisy 134
Namib Dune Plant 16, 17
Namib-Dünenpflanze 16, 17
Narakürbis 132
Natal Bottle Brush 12, 13
Natal-Aloe 128
Natal-Lampenputzer 12, 13
Nebeltrinker 16, 17
Necrosyrtes monachus 64
Nectarinia famosa 112
Neotis denhami 80
Nephron percnopterus 66
Nettapus auritus 60
Neuntöter 106
Nilgans 60
Nilkrokodil 116
Nilwaran 116
Nimmersatt 56
Numida meleagris 74
Nyala 38
Nycticorax nycticorax 54
Nylandtia spinosa 14, 15
Nymphaea caerulea 132

Ockerfuß-Buschhörnchen 18
Oena capensis 90
Oenanthe pileata 104
Ohrengeier 64
Oldenland's Bush Aloe 12, 13
Oldenlands Busch-Aloe 12, 13
Onymacris plana 124
– *unguicularis* 16, 17
Open-billed Stork 56
Ophistophtalmus glabifrons 122
Oreotragus oreotragus 36
Oryx gazella 42
Oryxweber 112
Osprey 72
Ostrich 46
Otocyon megalotis 22
Oxalis 14, 15
Oxalis luteola 14, 15

Pachydactylus bibronii 118
Pachypodium namaquanum 142
Pale Chanting Goshawk 70
Palmatogecko rangei 118
Palmtaube 90
Pandion haliaëtus 72
Pangolin 18
Panthera leo 28
– *pardus* 28
Pantherkröte 120
Pantherschildkröte 114
Papio cynocephalus 18
Parabuthus transvaalicus 122
Paradieskranich 76
Paradiesschnäpper 104
Paradiesvogelblume 128
Paradise Flycatcher 104
Paxerus cepapi 18
Pearl-spotted Owl 92
Pelargonium tricolor 14, 15
Pelecanus onocrotalus 46

Péringuey's Adder 16, 17
Perlkauz 92
Pferdeantilope 42
Phacochoerus aethiopicus 34
Phalacrocorax capensis 48
– *carbo* 48
Philetairus socius 110
Phoenicopterus minor 58
– *ruber* 58
Phoenix reclinata 136
Pied Crow 102
Pied Kingfisher 94
Pillendreher 126
Pincushion 14, 15, 130
Platalea alba 58
Plectropterus gambensis 60
Plocepasser mahali 110
Ploceus velaatus 110
Poicephalus meyeri 90
Polemaëtus bellicosus 68
Porphyrio porphyrio 78
Pratincole 86
Probergrothius sexpunctatis 16, 17
Procavia capensis 30
Protea aurea 130
– *caffra* 12, 13
– *cynaroides* 130
– *roupelliae* 12, 13
Proteles cristatus 22
Pterocles bicinctus 88
– *burchelli* 88
– *gutturalis* 88
– *namaqua* 88
Puff Adder 10, 11
Puffotter 10, 11
Puku 44
Purple Gallinule 78
Purple Roller 98
Purpurhuhn 78
Purpurreiher 50
Python sebae 114
Pyxicephalus adspersus 120

Quelea quelea 112
Quiver Tree 16, 17

Rallenreiher 52
Raphicerus campestris 36
Rappenantilope 42
Raubadler 68
Real Fan Palm 136
Red Bishop 112
Red Dia 14, 15
Red-backed Shrike 106
Red-billed Oxpecker 108
Red-billed Quelea 112
Red-knobbed Coot 78
Retzia capensis 14, 15
Rhinoptilus africanus 86
Rodohypoxis baurii 12, 13
Riesenfischer 94
Riesenglanzstar 108
Riesengürtelschweif 116
Riesentrappe 80

Ringhalskobra 10, 11
Rinkhals 10, 11
Roan Antelope 42
Rock Dassie 30
Rock Monitor 116
Roridula gorgonias 14, 15
Rosapelikan 46
Rosendornakazie 138
Rotbauchreiher 54
Rotbauchwürger 106
Rotbrust-Zwerggans 60
Rote Disa 14, 15
Rotlippenschlange 10, 11
Rotschnabelfrankolin 74
Rotschnabelmadenhacker 108
Rotschnabeltoko 100
Rotschulterstärling 108
Rough-scaled Plated Lizard 116
Roundeared Elephant Shrew 16, 17
Rufous-bellied Heron 54
Rüppell's Korhaan 16, 17
Rüppelltrappe 16, 17

Sable Antelope 42
Saddle-billed Stork 56
Sagittarius serpentarius 64
Sandechse 16, 17
Sandgecko 118
Sand-Schildechse 16, 17
Sarcocaulon marlothi 132
Sarkidiornis melanotos 62
Sattelstorch 56
Satyrium coriifolium 14, 15
– *longicauda* 12, 13
Saucage Tree 142
Saugwanze 16, 17
Saxicola torquata 104
Scadoxus multiflorum 128
Scarabaeus spec. 126
Scarlet River Lily 12, 13
Schabrackenschakal 24
Schildrabe 102
Schirmakazie 138
Schirrantilope 38
Schizostylis coccinera 12, 13
Schlangenhalsvogel 48
Schleiereule 92
Schmutzgeier 66
Schnabelbrustschildkröte 114
Schreiseeadler 70
Schwalbenschwanzspint 96
Schwarzbauchtrappe 80
Schwarzbrustschlangenadler 70
Schwarze Mamba 10, 11
Schwarze Speikobra 114
Schwarzer Austernfischer 82
Schwarzfersenantilope 44
Schwarzhalsreiher 50
Schwarzkehlchen 104
Schwarzmilan 66
Schwarznasenimpala 44
Schwarzweiße Kobra 10, 11
Scopus umbretta 54

147

Seerose 132
Seidenreiher 52
Sekretär 64
Selenopida spec. 122
Senecia elegans 134
Senegalkiebitz 84
Serruria 14, 15
Serruria cyanoides 14, 15
Serrurie 14, 15
Serval 26
Siedelweber 110
Silberner Zuckerbusch 12, 13
Silberreiher 50
Silver Sugarbush 12, 13
Skilarpbessie 14, 15
Smith's Bush Squirrel 18
Smooth-head Digging Scorpion 122
Snake Lily 128
Sociable Weaver 110
South West Edelweiss 16, 17
Southern Black-backed Gull 86
Spaltenjagdspinne 122
Speckled Mousebird 94
Speikobra 10, 11
Spheniscus demersus 46
Spießbock 42
Spitzmaulnashorn 32
Sporengans 60
Spotted Dikkop 84
Springbock 42
Spur-winged Goose 60
Squacco Heron 52
Stanleytrappe 80
Steenbok 36
Steinböckchen 36
Stelzenläufer 86
Stenocara eburnea 124
Steppenfalke 72
Steppenpavian 18
Steppenschuppentier 18
Steppenwaran 116
Steppenzebra 32
Stilbe ericoides 14, 15
Stipagrostis sabulicola 16, 17
Stone Plant 130
Stonechat 104
Strauß 46
Streifenliest 94
Streifenschakal 24
Strelitzia reginae 128
Streptocarpus gardenii 12, 13
Streptopelia capicola 90
– *senegalensis* 90
Strichelracke 98
Striped Kingfisher 94
Strohblume 134
Struthio camelus 46
Sucking Bug 16, 17
Südafrikanischer Seebär 30
Sudanschildechse 116
Südwester Edelweiß 16, 17
Suricata suricatta 20

Sutherlandia montana 12, 13
Swainsonfrankolin 74
Swallow-tailed Bee-eater 96
Sykomore 140
Sylvicapra grimmia 36
Syncerus caffer 42

Tachybaptus ruficollis 46
Talerpflanze 16, 17
Tanzende Weiße Dame 16, 17
Tawny Eagle 68
Teichhuhn 78
Telescopus semiannulutus 10, 11
Temminckrennvogel 86
Thelotornis capensis 10, 11
Theratopius ecaudatus 70
Therpsiphone viridis 104
Thickle-laved Albizia 138
Three-banded Plover 82
Threskiornis aethiopicus 58
Tieflandnyala 38
Tiger Snake 10, 11
Tigerschlange 10, 11
Tockus bradfieldi 100
– *erythrorhynchus* 100
– *flavirostris* 100
– *nasutus* 100
Tok-tokky 16, 17
Torgos tracheliotus 64
Trachyphonus vaillantii 102
Tragelaphus angasi 38
– *oryx* 38
– *scriptus* 38
– *strepsicerus* 38
Transvaal-Dickschwanzskorpion 122
Trauerdrongo 102
Trianthema heroensis 16, 17
Tricoloured Pelargony 14, 15
Tsamma 132
Tsessebe 40
Tsetsefliege 126
Tüpfelhyäne 22
Twig Snake 10, 11
Two-banded Courser 86
Tyto alba 92

Umbrella Thorn 138
Upupa epops 98
Uräusschlange 10, 11

Vanellus armatus 84
– *coronatus* 84
– *crassirostris* 84
– *senegallus* 84
Varanus exanthematicus 116
– *niloticus* 116
Vervet Monkey 18
Viverra civetta 22
Vogelschlange 10, 11
Vulpes chama 24

Waffenkiebitz 84
Wall Crab Spider 122

Wanderheuschrecke 124
Wart Bush 16, 17
Wart Hog 34
Warzenbusch 16, 17
Warzenschwein 34
Wasserbock 44
Water Lily 132
Watsonia 12, 13
Watsonia densiflora 12, 13
Wattled Crane 76
Wattled Plover 84
Web-footed Gecko 118
Weihnachtsblume 12, 13
Weißbrustkormoran 48
Weißbürzel-Singhabicht 70
Weißrückengeier 64
Weißscheitelwürger 106
Weißschwanzgnu 40
Weißstirnspint 96
Welwitschia mirabilis 136
White Pelican 46
White Rhinoceros 32
White-browed Sparrowweaver 110
White-crowned Shrike 106
White-face Whistling Duck 60
White-fronted Bee-eater 96
Wiedehopf 98
Wiesenweihe 72
Wild Cineraria 134
Wild Date Palm 136
Wild Pomegranat 12, 13
Wildebeest 40
Wilder Granatapfel 12, 13
Window Plant 16, 17
Witsenia maura 14, 15
Witwenpfeifgans 60
Wollhalsstorch 56
Wüstenchamäleon 16, 17
Wüsten-Euphorbie 140
Wüstengecko 118
Wüstenluchs 26
Wüstenrose 142

Xantho-maculina spec. 16, 17
Xerus inauris 18

Yellow Bobo Lily 12, 13
Yellow Mongoose 20
Yellow-billed Duck 62
Yellow-billed Heron 52
Yellow-billed Oxpecker 108
Yellow-billed Stork 56
Yellow-throated Longclaw 104
Yellow-throated Sandgrouse 88

Zebramanguste 20
Zwergflamingo 58
Zwerg-Puffotter 16, 17
Zwergspint 96
Zwergtaucher 46
Zygophyllum stapfii 16, 17

Bildnachweis

Agron/Okapia 129/1, Bellmann 125/2, 127/3, Brandl/Silvestris 47/3, Brehm 79/3, 83/3, 83/4, Brehm/Silvestris 107/1, 139/2, Cramm 117/1, 119/2, 131/5, Dalton/Silvestris 67/1a, Dennis/Okapia 41/5, Dennis/Silvestris 23/1, 23/2, 27/3, 31/3, 81/3, 109/2, 111/1a, 119/4, Dossenbach 33/2, 41/3, 111/1b, 119/3, 125/3, 125/4, FLPA/Silvestris 63/1, 69/3, 91/3, Gerstmeier 127/1, Gloor/Okapia 91/1, Hein 129/2, 129/4, 133/2, 135/3, 135/4, Hofmann, T. 119/1, Hosking/Silvestris 131/3, Kalden 91/4, 95/5, Kehrer/Juniors 37/1, 61/2, König 107/3, 115/1, 117/2, 121 alle, 123 alle, 125/1, Kunz/Juniors 63/4, Lane/Silvestris 25/4, 67/1b, 105/3, 115/3, Layer 35/3, 93/2, Legler/Silvestris 129/5, Maier 127/2, Michel/Okapla 27/1, Paysan 141/3, Pölking/Angermayer 27/2, 93/3, 95/2, 99/3, Pölking/Juniors 109/3, Pölking/Silvestris 115/4, Pott 19/4, 21/2, 37/2, 43/4, 45/4, 47/2, 51/4, 57/2, 65/1, 73/4, 89/1, 93/4, 103/4, 117/4, 131/4, 137/1, Reisigl 131/1, 131/2, 135/2, Rue/Okapia 63/3, Schmidt/Silvestris 69/4, Silvestris 19/5, Sohns/Silvestris 37/4, 49/1a, 49/1b, 89/3, 111/3, Staebler 71/3, 109/4, 143/4, Strein/Silvestris 45/2, Sycholt 59/1, 59/2, 75/2, 77/3, 79/1, 97/2, 133/1, 133/3, 137/4, Sycholt/Silvestris 73/3, 83/2, 113/3, 135/1a, 135/1b, 143/2, Wilmhurt/Silvestris 63/2, Wisniewsky 19/1, 19/2, 19/3, 21/3, 23/3, 23/4, 25/1, 25/2, 25/3, 27/4, 29/2, 31/1a, 31/1b, 31/2, 31/4, 33/1, 33/4, 35/1, 35/2, 37/3, 39/1, 39/2, 39/3, 39/4, 41/2, 41/4, 43/1, 43/2, 43/3, 43/5, 45/1, 45/3, 45/5, 47/1, 47/4, 49/2, 49/3, 49/4, 51/1, 51/2, 51/3, 53/2, 53/3, 53/4, 55 alle, 57/1, 57/3, 57/4, 59/3, 59/4, 59/5, 61/1, 61/3, 61/4, 65/2, 65/3, 65/4, 67/2, 67/3, 67/4, 69/1, 69/2, 71/1, 71/2, 73/1, 73/2, 75/1, 75/3, 75/4, 75/5, 77/1, 77/2, 79/2, 79/4, 81/1, 81/2, 81/4, 83/1, 85/1, 85/2, 85/3, 85/4, 87/1, 87/2, 87/4, 87/5, 89/2a, 89/2b, 89/4, 91/2, 93/1, 95/3, 95/4, 97/1, 97/3, 97/4, 99/1, 99/2, 99/4, 101 alle, 105/1, 105/2, 105/4, 107/4, 111/2, 113/1, 115/2, 117/3, 117/5, 129/3, 133/4, 133/5, 137/2, 137/3, 139/1, 139/3, 139/4, 139/5, 141/1, 141/4, 143/3, Wothe 21/4, 29/1, 33/3, 53/1, 95/1, 103/1, 103/2, 107/2, 109/1, 113/1, 141/2a, 141/2b, 143/1, Ziesler 21/1, 71/4, 85/5, 87/3, Ziesler/Angermayer 41/1, 103/3.
Mit 4 Farbtafeln (S. 10-17).

Umschlaggestaltung von eStudio Calamar unter Verwendung von zwei Aufnahmen von Winfried Wisniewski: Löwenpaar (*Panthera leo*) und Schirmakazie (*Acacia tortilis*).

Legende zur doppelseitigen Abbildung S. 8/9 Savuti-Sumpf im Chobe National Park/Botswana

Bibliografische Information der Deutschen Bibliothek
Die Deutsche Bibliothek verzeichnet diese Publikation in der Deutschen Nationalbibliografie; detaillierte bibliografische Daten sind im Internet über http://dnb.ddb.de abrufbar.

Verwendete Abkürzungen und Symbole:
B	Breite
D	Durchmesser
G	Gewicht
H	Höhe
KL	Körperlänge
KR	Kopf-Rumpf-Länge
L	Länge
♀	Weibchen
♂	Männchen

Die Zeichnungen auf den Farbtafeln entsprechen nicht den exakten Größenverhältnissen, wie sie in der Natur zu finden sind.

Informationen senden wir Ihnen gerne zu

Bücher · Kalender
Experimentierkästen · Kinder- und Erwachsenenspiele

Natur · Garten · Essen & Trinken
Astronomie · Hunde & Heimtiere
Pferde & Reiten · Tauchen
Angeln & Jagd · Golf
Eisenbahn & Nutzfahrzeuge
Kinderbücher

KOSMOS

Postfach 10 60 11
D-70049 Stuttgart
TELEFON +49 (0)711-2191-0
FAX +49 (0)711-2191-422
WEB www.kosmos.de
E-MAIL info@kosmos.de

Gedruckt auf chlorfrei gebleichtem Papier

© 2006, Franckh-Kosmos Verlags-GmbH & Co. KG, Stuttgart
Alle Rechte vorbehalten
ISBN-13: 978-3-440-10453-8
ISBN-10: 3-440-10453-2
Lektorat: Teresa Baethmann
Produktion: Johannes Geyer / Tatyana Momot
Grundlayout: eStudio Calamar
Printed in Germany /
Imprimé en Allemagne

Für Ihr Reisegepäck…

Jeder Band mit
ca. 144 Seiten,
über 250 Farbfotos

Je €/D 9,95;
€/A 10,30; sFr 17,50
Preisänderungen vorbehalten

ISBN 978-3-440-10454-5

ISBN 978-3-440-10450-7

Natur-Kompetenz auf Reisen! Bestimmen Sie einfach und sicher typische Tier- und Pflanzenarten Ihres Urlaubslandes. In jedem Band finden Sie viel Interessantes über Fauna und Flora des jeweiligen Landes, über 200 Tier- und Pflanzenarten und über 250 Farbfotos.

ISBN 978-3-440-10452-1

ISBN 978-3-440-10453-8

ISBN 978-3-440-10451-4

www.kosmos.de

KOSMOS

Der Natur auf der Spur...

- Eine einzigartige Kombination von Bestimmungsbuch und Nachschlagewerk

- Im Porträt: unsere 470 häufigsten und bekanntesten Tiere, Pflanzen und Pilze

Laske/Dreyer/Laux/Schmid
Das Kosmos-Handbuch Tiere und Pflanzen
ca. 608 Seiten, über 1.100 Farbfotos
€/D 14,95; €/A 15,40; sFr 25,90
ISBN 978-3-440-10259-6

- Porträts der 550 wichtigsten und bekanntesten Tiere und Pflanzen in 780 brillanten Fotos

- Der handliche und praktische Begleiter für jeden Naturfreund

Hecker/Hecker
Kosmos-Naturführer für unterwegs
ca. 352 Seiten, ca. 780 Farbfotos
€/D 5,95; €/A 6,20; sFr 10,70
ISBN 978-3-440-10578-8

www.kosmos.de   Preisänderungen vorbehalten